McDOUGAL LITTELL

Discovering FRENCH Nouveau!

Unit 5 Resource Book

Components authored by Jean-Paul Valette and Rebecca M. Valette

- Portfolio Assessment
- Audio Program

Components authored by Sloane Publications:

- Family Letter, *Patricia Smith*
- Absent Student Copymasters, *E. Kristina Baer*
- Family Involvement, *Patricia Smith*
- Multiple Choice Test Items, *Patricia Smith*
- Activités pour tous, *Helene Greenwood*

Other Components

- Video Activities, *T. Jeffrey Richards, Philip D. Korfe, Consultant*
- Workbook: *Marie-Claire Antoine, Sophie Masliah*
- Lesson Quizzes: *Mary Olmstead, Marie-Claire Antoine*
- Unit Tests: *Andréa McColgan Javel, Nathalie Drouglazet, Richard Ladd*
- Reading & Culture Quizzes & Tests: *Andréa McColgan Javel, Nathalie Drouglazet, Nicole Fronteau, Anne-Marie Godfrey, Klara Tolnay*
- Listening Comprehension Performance Tests: *Richard Ladd, Sophie Masliah, Marie-Claire Antoine*
- Speaking Performance Tests: *Richard Ladd, Sophie Masliah*
- Writing Performance Tests: *Richard Ladd, Nicole Fronteau*

C, 5

ISBN-13: 978-0-618-29930-0 ISBN-10: 0-618-29930-0

7 8 9 10 11 12-DSHV-12 11 10 09 08

ROUGE

Table of Contents
Unité 5. Bon voyage!

Unité 5

Table of Contents

Unit Resources

To the Teacher

The **Unit Resource Books** that accompany each unit of *Discovering French, Nouveau!–Rouge* provide a wide variety of materials to practice, expand on, and assess the material in the *Discovering French, Nouveau!–Rouge* student text.

Components

Following is a list of components included in each **Unit Resource Book,** correlated to each *Partie:*

- Workbook, Teacher's Edition
- *Activités pour tous*, Teacher's Edition
- Lesson Plans
- Block Scheduling Lesson Plans
- Family Letter
- Absent Student Copymasters
- Family Involvement
- Audioscripts
- Lesson Quizzes

Unit Resources include the following materials:

- *Activités pour tous* Lecture, Teacher's Edition
- Video Activities
- Videoscripts
- Assessment
  - Unit Test
  - Reading and Culture Quizzes and Tests
  - Listening Comprehension Performance Test
  - Speaking Performance Test
  - Writing Performance Test
  - Multiple Choice Test Items
  - Test Scoring Tools
- Audioscripts
- Answer Key
- Student Text Answer Key
- Listening/Speaking Activities Answer Key

Component Description

Workbook, Teacher's Edition

The *Discovering French, Nouveau!–Rouge* **Workbook** directly references the student text. It provides additional practice to allow students to build their control of French and develop French proficiency. The activities provide guided communicative practice in meaningful contexts and frequent opportunity for self-expression.

Listening/Speaking Activities give students the opportunity to demonstrate comprehension of spoken French in a variety of realistic contexts. Students listen to excerpts from the CD that accompanies the *Discovering French, Nouveau!–Rouge* program while working through listening activities to improve both general and discrete comprehension skills.

Writing Activities give students the chance to develop their writing skills and put into practice what they have learned in class. The last one or two activities are called *Communication* and encourage students to express themselves in various additional communicative situations.

Activités pour tous, Teacher's Edition

The activities in *Activités pour tous* include vocabulary, grammar, and reading practice at varying levels of difficulty. Each practice section is three pages long, with each page corresponding to a level of difficulty (A, B, and C). A is the easiest and C is the most challenging.

Lesson Plans

The **Lesson Plans** follow the general sequence of a *Discovering French, Nouveau!–Rouge* lesson. Teachers using these plans should become familiar with both the overall structure of a *Discovering French, Nouveau!–Rouge* lesson and with the format of the lesson plans and available ancillaries before translating these plans to a daily sequence.

Block Scheduling Lesson Plans

These plans are structured to help teachers maximize the advantages of block scheduling, while minimizing the challenges of longer periods.

Family Letter and Family Involvement

This section offers strategies and activities to increase family support for students' study of French language and culture.

Absent Student Copymasters

The **Absent Student Copymasters** enable students who miss part of a Unit to go over the material on their own. The **Absent Student Copymasters** also offer strategies and techniques to help students understand new or challenging information. If possible, make a copy of the **CD, video,** or **DVD** available, either as a loan to an absent student or for use in the school library or language lab.

Video Activities and Videoscript

The **Video Activities** that accompany the **Video** or **DVD** for each module focus students' attention on each video section and reinforce the material presented in the module. A transcript of the **Videoscript** is included for each Unit.

Audioscripts

This section provides scripts for the **Audio Program,** including those for the **Workbook** and the **Assessment Program.**

Assessment

Lesson Quizzes

The **Lesson Quizzes** provide short accuracy-based vocabulary and structure assessments. They measure how well students have mastered the new conversational phrases, structures, and vocabulary in the lesson. Also designed to encourage students to review material in a given lesson before continuing further in the unit, the quizzes provide an opportunity for focused cyclical re-entry and review.

Unit Tests

The **Unit Tests** are intended to be administered upon completion of each unit. They may be given in the language laboratory or in the classroom. The total possible score for each test is 100 points. Scoring suggestions for each section appear on the test sheets. The **Answer Key** for the **Unit Tests** appears at the end of the **Unit Resource Book.**

There is one **Unit Test** for each of the ten units in *Discovering French, Nouveau!–Rouge.*

Reading and Culture Quizzes and Tests

This section offers a variety of achievement quizzes and tests for the readings and cultural material in *Discovering French, Nouveau!–Rouge.*

Speaking Performance Test

These tests enable teachers to evaluate students' comprehension, ability to respond in French, and overall fluency.

Listening Comprehension Performance Test

The **Listening Comprehension Performance Test** is designed for group administration. The test is divided into two parts, *Scènes* and *Contextes.* The listening selections are recorded on CD, and the full script is also provided so that the teacher can administer the test either by playing the CD or by reading the selections aloud.

Writing Performance Test

The **Writing Performance Test** gives students the opportunity to demonstrate how well they can use the material in the unit for self-expression. The emphasis is not on the production of specific grammar forms, but rather on the communication of meaning. Each test contains several guided writing activities, which vary in format from unit to unit.

Multiple Choice Test Items

These are the print version of the multiple choice questions from the **Test Generator.** They are contextualized and focus on vocabulary, grammar, reading, writing, and cultural knowledge.

Answer Key

The Answer Key includes answers that correspond to the material found in the *Unit Resource Book*, as well as in the *Student Text.*

Unité 5. Bon voyage!

PARTIE 1

WRITING ACTIVITIES

A 1. À la douane Après de superbes vacances passées en Guadeloupe, vous rentrez aux Etats-Unis. À l'aéroport, le douanier vous interroge. Répondez négativement à ses questions. Utilisez les expressions négatives suggérées.

aucun	ni . . . ni	nulle part	personne	rien

▶ —À qui avez-vous prêté votre passeport?
—Je n'ai prêté mon passeport à personne.

1. —Avez-vous été hospitalisé(e) ou malade?
— Je n'ai été ni hospitalisé(e) ni malade.

2. —Qu'avez-vous à déclarer?
— Je n'ai rien à déclarer.

3. —Possédez-vous des armes?
— Je ne possède aucune arme.

4. —Qui a photocopié votre carte d'identité?
— Personne n'a photocopié ma carte d'identité.

5. —Où avez-vous perdu votre permis de conduire?
— Je n'ai perdu mon permis de conduire nulle part.

6. —Avez-vous acheté des médicaments?
— Je n'ai acheté aucun médicament.

7. —Transportez-vous des plantes ou de la nourriture?
— Je ne transporte ni plantes ni nourriture.

8. —Qui avez-vous rencontré de suspect?
— Je n'ai rencontré personne de suspect.

9. —Que cachez-vous *(are you hiding)* dans votre sac à dos?
— Je ne cache rien dans mon sac à dos.

10. —Où êtes-vous entré(e) illégalement?
— Je ne suis entré(e) illégalement nulle part.

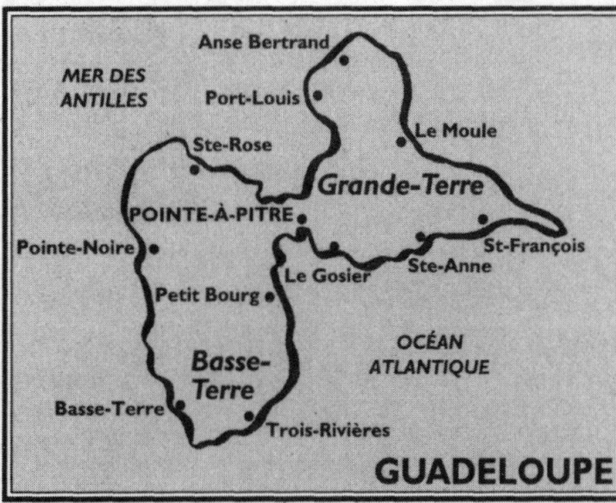

URB p. 1

Nom ______________________ Date ______________

B 2. Des vacances pour tous! Vous discutez avec vos amis de vos vacances d'été. Vous aimeriez partir ensemble, mais chacun a ses exigences et ses particularités. Expliquez ce qu'elles sont en utilisant le verbe suggéré, l'expression **ne . . . que** et une expression de votre choix. Soyez logique!

▶ Éric et Christine aiment apprendre les langues. (faire)
Ils ne font que des séjours linguistiques.

1. Ton frère parle une seule langue. (connaître)
   Il ne connaît que l'anglais.
2. Marc et moi, nous sommes végétariens. (manger)
   Nous ne mangons que des légumes.
3. Julio et toi, vous détestez la mer. (aller)
   Vous n'allez qu'à la montagne.
4. Moi, je préfère faire du camping. (partir)
   Je ne pars qu'à la campagne.
5. Claire a peur de l'avion. (prendre)
   Elle ne prend que le train.
6. Martine et moi, nous travaillons en juin et en juillet. (être)
   Nous ne sommes libres qu'en août.
7. Tu aimes apprendre quelque chose de nouveau pendant tes vacances. (faire)
   Tu ne fais que des stages.
8. Antoinette choisit toujours d'aller à la plage. (aimer)
   Elle n'aime que la planche à voile.

URB p. 2

LISTENING/SPEAKING ACTIVITIES

Le français pratique: Les voyages

1. Compréhension orale Vous allez entendre Élise, une jeune Française, vous parler de ses projets de vacances. Ensuite, vous allez écouter une série de phrases concernant ces projects. D'abord, écoutez ce que dit Élise.

. . .

Écoutez de nouveau ce que dit Élise.

. . .

Maintenant, écoutez bien chaque phrase et marquez dans votre cahier si elle est vraie ou fausse. Vous allez entendre chaque phrase deux fois.

	vrai	faux		vrai	faux
1.	☐	☑	6.	☐	☑
2.	☑	☐	7.	☐	☑
3.	☑	☐	8.	☑	☐
4.	☐	☑	9.	☐	☑
5.	☑	☐	10.	☐	☑

2. Réponses logiques Vous allez entendre une série de questions. Pour chaque question, la réponse est incomplète. Dans votre cahier marquez d'un cercle le mot ou l'expression qui complète la réponse le plus logiquement. D'abord, écoutez le modèle.

▶ Qu'est-ce que tu aimes faire pendant les vacances?
J'aime . . .

a. mes deux chats	**(b.) voyager**	**c. aller au lycée**
1. (a.) à l'étranger	b. au supermarché	c. manger
2. (a.) au Mexique	b. à la discothèque	c. au village
3. a. mes amis	b. une cathédrale	(c.) le Portugal
4. a. apprendre l'anglais	(b.) faire un séjour	c. skier
5. a. en Australie	b. aux Canaries	(c.) en Angleterre
6. (a.) une pièce d'identité	b. ses amis	c. ses bagages
7. a. à la cafétéria	(b.) à la douane	c. à la boutique de souvenirs
8. a. un pique-nique	(b.) un sac à dos	c. le train
9. a. un passeport	b. un chapeau	(c.) une valise
10. (a.) les déclarer	b. les donner au douanier	c. les cacher

Nom ______________________ Date ______________

3. Échanges Vous allez entendre une série d'échanges. Chaque échange consiste en une question et une réponse. Écoutez bien chaque échange, puis complétez la réponse dans votre cahier. Vous allez entendre chaque réponse deux fois. D'abord, écoutez le modèle.

▶ Où es-tu allé en vacances?
Je suis allé aux États-Unis.

1. J'aimerais bien *faire un voyage en Italie*.
2. Non, moi, je prends juste *un sac à dos*.
3. Non, ils n'avaient rien *à déclarer*.
4. Oui, ils vont faire *un séjour à l'étranger*.
5. Il a perdu *son permis de conduire*.
6. Oui, il est *dans mon bagage à main*.
7. Nous aimerions beaucoup *visiter les pays d'Asie*.
8. Nous avons *une valise et deux sacs*.
9. *J'ai besoin de mon passeport*.
10. On les contrôle *à la douane*.

4. Questions Vous allez entendre une série de questions. Regardez le dessin dans votre cahier et répondez aux questions. D'abord, écoutez le modèle.

▶ Où es-tu allé en vacances?
Je suis allé aux États-Unis.

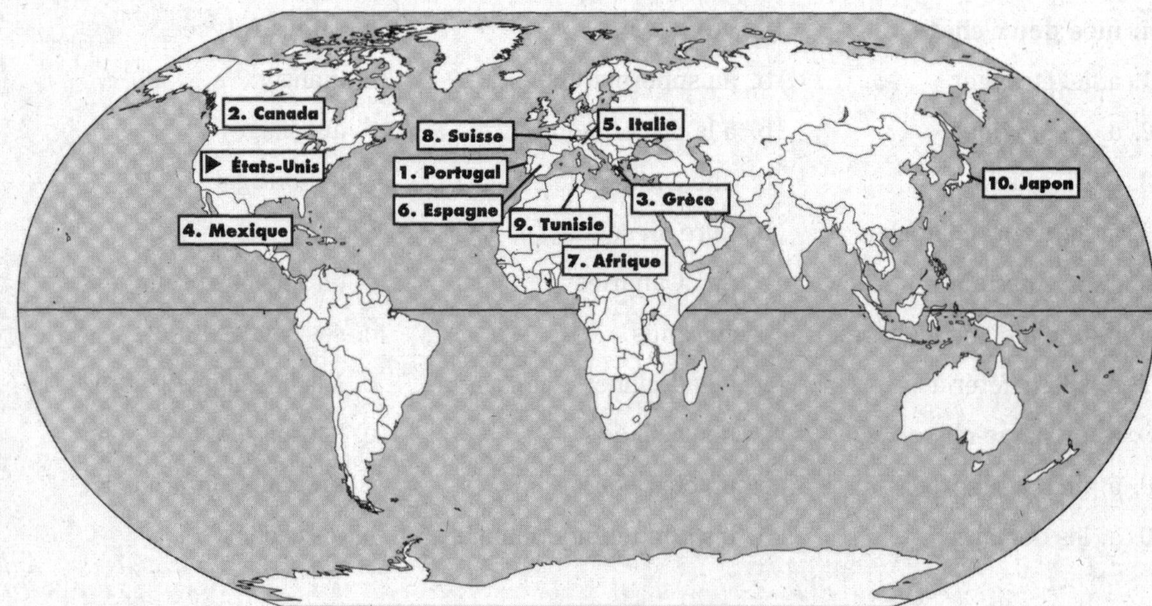

1. Ils habitent au Portugal.
2. Je vais faire un voyage au Canada.
3. Elle les a perdus en Grèce.
4. Nous allons aller au Mexique.
5. Non, elle l'a acheté en Italie.
6. Nous allons faire un séjour linguistique en Espagne.
7. Je vais faire un voyage en Afrique.
8. Elle l'a oubliée en Suisse.
9. Nous aimerions visiter la Tunisie.
10. Je l'ai acheté au Japon.

5. Minidialogues **Minidialogue 1** Vous allez entendre deux dialogues. [...] chaque dialogue, vous allez écouter une série de questions. D'abord, écou[...]alogue.

. . .

Écoutez de nouveau le dialogue.

. . .

Maintenant, écoutez bien chaque question et marquez d'[...] dans votre cahier la réponse que vous trouvez la plus logique.

1. a. Parce qu'elle n'aime pas le Canada. b. Parce qu'elle n'a pas de vacances. (c.) Parce qu'elle n'a pas assez d'argent.
2. (a.) La Grèce. b. Le Canada. c. La France.
3. a. Tous les jours. b. Toutes les vacances. (c.) Tous les week-ends.
4. a. Quatre personnes. (b.) Deux personnes. c. Aucune.

Minidialogue 2 Maintenant, écoutez le second dialogue.

. . .

Écoutez de nouveau le dialogue.

. . .

Maintenant, écoutez bien chaque question et marquez d'un cercle dans votre cahier la réponse que vous trouvez la plus logique.

1. a. Ça a été formidable. (b.) Ça a été une catastrophe. c. Ça a été bien.
2. a. En Italie. b. Dans le métro. (c.) À l'aéroport.
3. (a.) Ils sont partis sans elle. b. Ils sont perdus dans le métro. c. Ils sont à l'aéroport.
4. (a.) À l'hôpital. b. Dans l'escalier. c. À l'aéroport.

Langue et communication

Pratique orale 1 Vous allez entendre une série de phrases concernant un accident qui a eu lieu *(took place)* près de chez vous. Vous allez contredire *(contradict)* chacune de ces phrases en commençant votre phrase par **Moi, je . . .** Utilisez les expressions négatives dans votre cahier. D'abord, écoutez le modèle. Please see the Answer Key on page 136.

▶ rien
Cinq personnes ont vu l'accident.
Moi, je n'ai rien vu.

1. rien
2. personne
3. ni . . . ni
4. rien
5. aucune
6. nulle part
7. rien
8. aucune

Pratique orale 2 Vous allez entendre une série de questions posées au passage à la douane. Répondez à ces questions en employant **ne . . . que** et les expressions suggérées dans votre cahier. Soyez logique! D'abord, écoutez le modèle.

▶ Est-ce que vous parlez allemand?
Non, je ne parle que français.
Please see the Answer Key on page 136.

EXPRESSIONS:		
cent francs	**mon passeport**	**une montre**
français	**un an**	**une semaine**
Genève	**un bagage à main**	**une valise**

URB p. 5

Nom ______________________ Date ______________

Discovering FRENCH Nouveau! ROUGE

Unité 5. Bon voyage!

PARTIE 1

A

Activité 1 Un peu de géographie! Voir si vous pouvez mettre l'article devant les pays et faire correspondre la capitale.

e	1.	la Tunisie	h	6.	le Liban
d	2.	le Sénégal	g	7.	les Philippines
i	3.	la Suisse	j	8.	la Corée
c	4.	l' Angleterre	b	9.	le Canada
a	5.	la Suède	f	10.	le Pérou

a. Stockholm	f. Lima
b. Ottawa	g. Manille
c. Londres	h. Beyrouth
d. Dakar	i. Genève
e. Tunis	j. Séoul

Activité 2 À l'aéroport Mettez les prépositions **(du / de la / des, au / en / aux)** qui conviennent.

ARRIVÉES

1. du	Maroc	6. de	Russie
2. de	Tunisie	7. d'	Inde
3. du	Portugal	8. du	Japon
4. de	Belgique	9. du	Mexique
5. de	Suède	10. du	Guatemala

1. au	Canada	6. en	Tunisie
2. aux	États-Unis	7. en	Norvège
3. en	Argentine	8. au	Liban
4. au	Pérou	9. aux	Philippines
5. au	Sénégal	10. en	Chine

Activité 3 Une école internationale Complétez les phrases.

1.  Stéphane vient de France. 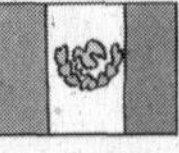 Il ira au Mexique.

2.  Paola vient d'Italie.  Elle ira au Canada.

3.  Miguel vient du Mexique.  Il ira au Japon.

4.  Akiko vient du Japon. 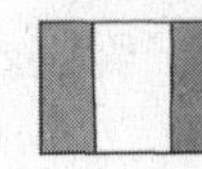 Elle ira en Italie.

URB p. 7

B

Activité 1 Un peu de géographie! À voir si vous pouvez mettre l'article devant les pays et faire correspondre la capitale.

f	1. le Venezuela	i	6. le Viêt-Nam	a. Rabat	f. Caracas
g	2. les Pays-Bas	a	7. le Maroc	b. Buenos Aires	g. La Haye
d	3. le Portugal	j	8. l' Égypte	c. Phnom Penh	h. Bogota
b	4. l' Argentine	h	9. la Colombie	d. Lisbonne	i. Hanoi
c	5. le Cambodge	e	10. la Norvège	e. Oslo	j. Le Caire

Activité 2 À l'aéroport Mettez les prépositions **(du / de la / des, au / en / aux)** puis les nationalités qui conviennent.

ARRIVÉES — Nationalité

1. du Mexique — mexicain(e)
2. de Russie — russe
3. du Japon — japonais(e)
4. d' Inde — indien(ne)
5. de Suède — suédois(e)

DÉPARTS

1. au Canada
2. en Argentine
3. aux États-Unis
4. en Espagne
5. au Sénégal
6. en Tunisie
7. aux Philippines
8. au Liban
9. en Norvège
10. au Japon

Activité 3 Voyages Aux activités et aux plats, faites correspondre le pays où vous allez ou d'où vous venez . . .

DÉPARTS

d 1. 
a 2. 
e 3. 
c 4. 
b 5. 

a. Je vais en Écosse.
b. Je vais au Maroc.
c. Je vais en Suisse.
d. Je vais au Venezuela.
e. Je vais en Norvège.

ARRIVÉES

e 1.
a 2.
b 3. 
c 4. 
d 5. 

a. Je viens du Japon.
b. Je viens d' Australie.
c. Je viens des États-Unis.
d. Je viens de France.
e. Je viens d' Italie.

Nom ______________________ Date ______________

Discovering FRENCH *Nouveau!*

ROUGE

C

Activité 1 Quelle est la capitale? Mettez l'article devant le nom du pays puis le nom de sa capitale.

1. le Mexique — Mexico
2. la Russie — Moscou
3. l' Inde — La Nouvelle Delhi
4. le Canada — Ottawa
5. le Sénégal — Dakar
6. la Grèce — Athènes
7. la Corée — Séoul
8. les Philippines — Manille

Activité 2 Quel est le pays? Maintenant, faites correspondre la capitale au pays puis mettez-y la préposition.

a. Rabat est . . .
b. Varsovie est . . .
c. La Haye est . . .
d. Santiago est . . .
e. Le Caire est . . .
f. Phnom Penh est . . .
g. Yamoussoukro est . . .
h. Lima est . . .

h 1. au Pérou.
c 2. aux Pays-Bas.
b 3. en Pologne.
e 4. en Égypte.
f 5. au Cambodge.
a 6. au Maroc.
d 7. au Chili.
g 8. en Côte d'Ivoire.

Activité 3 J'adore les voyages! Complétez le paragraphe.

Je suis photographe et j'ai beaucoup voyagé. Je suis allé en Australie, en Asie, en Amérique du Sud et en Afrique. En Australie, j'ai seulement visité la capitale, Canberra. J'aime beaucoup la capitale du Japon, Tokyo, ainsi que celle de la Chine, Beijing. Ce sont des villes très différentes. Au Viet-Nâm, je connais Hanoi, en Argentine, Buenos Aires et en Tunisie, Tunis. Bref, toutes les capitales. Par contre, je ne connais pas la capitale de la Côte d'Ivoire mais j'en connais la plus grande ville, Abidjan.

URB p. 9

Nom ______________________________ Date ______________

Langue et communication

A

Activité 1 Complétez la forme négative des phrases infinitives.

1. faire quelque chose de spécial — ne rien faire ______ de spécial
2. connaître quelqu'un en France — ne connaître personne ______ en France
3. aller quelque part en vacances — n'aller nulle part ______ en vacances
4. avoir beaucoup d'argent — n'avoir aucun ______ argent
5. jouer au golf et au polo — ne jouer ni au golf ni au ______ polo

Activité 2 Des goûts différents Grégoire et Geneviève sont rarement d'accord. Transformez les phrases de manière négative.

1. J'aime téléphoner à tout le monde. Je n'aime téléphoner à personne.
2. J'aime tout faire moi-même. Je n'aime rien faire moi-même.
3. Je veux aller quelque part, ce soir. Je ne veux aller nulle part, ce soir.
4. J'ai beaucoup de chance! Je n'ai aucune chance!
5. J'aime chanter et danser. Je n'aime ni chanter ni danser.

Activité 3 Une invitation Complétez le dialogue avec les expressions négatives **aucun(e)**, **rien (à)** et **nulle part.**

B

Activité 1 Une invitation Complétez le dialogue avec les expressions négatives **aucun(e)**, **personne** et **nulle part.**

Activité 2 Un week-end très calme . . .
Répondez de manière négative à chaque question.

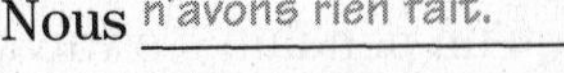

1. Qu'est-ce que vous avez fait, hier? Nous n'avons rien fait.
2. As-tu appelé des amis? Non, je n'ai appelé personne.
3. Où vas-tu aller, cet après-midi? Je ne vais aller nulle part.
4. Tu ne vas pas acheter des CD? Non, je ne vais rien acheter.
5. Vous allez faire quelque chose, ce soir? Non, nous n'allons rien faire.

Activité 3 Le pauvre Éric Complétez le paragraphe en utilisant **ni . . . ni, ne . . . que, rien (de / à), personne, aucune** et **nulle part.**

Décidément, je n'ai aucune chance. J'ai voulu appeler des amis mais personne n' était là. J'ai pensé regarder la télé, mais il n'y avait rien d' intéressant. J'ai cherché mon chat mais il n'était nulle part dans la maison, il devait être dans le jardin. Ni mon frère ni ma soeur n'étaient libres non plus. Bof! Il ne me reste plus qu' à lire un livre.

URB p. 11

Nom ______________________ Date ______________

C

Activité 1 Jean-Luc fait le contraire de nous . . . Écrivez les phrases négatives qui correspondent aux activités décrites, sans utiliser **ne . . . pas.**

1. Jean-Luc est allé au parc. Moi, je ne suis allé(e) nulle part.
2. Il a acheté des choses au centre commercial. Nous n'avons rien acheté.
3. Demain, il va aller à la campagne. Nous n'allons aller nulle part.
4. Il joue au golf et au tennis. Moi, je ne joue ni au golf ni au tennis.
5. Il a beaucoup de temps libre. Moi, je n'ai aucun temps libre.

Activité 2 . . . et vice versa! Écrivez les phrases négatives qui correspondent aux activités décrites, sans utiliser **ne . . . pas.**

1. Je joue de la guitare et du piano. Jean-Luc, lui, ne joue ni de la guitare ni du piano.
2. Je parle plusieurs langues étrangères. Il ne parle aucune langue étrangère.
3. Je vais faire beaucoup de choses, l'été prochain. Il ne va rien faire.
4. Je vais rester chez quelqu'un pendant les vacances. Il ne va rester chez personne.
5. L'été dernier aussi, j'ai fait beaucoup de choses. Il n'a rien fait.

Activité 3 Des conversations Complétez les conversations avec un pronom, si possible, et sans utiliser **ne . . . pas.**

1. —Veux-tu des  ?
   —Non, merci, je ne veux rien.

2. —Tu vas acheter un  ?
   —Non, je ne vais rien acheter.

3. —Vous avez beaucoup de  ?
   —Mais non! Nous n'avons aucuns devoirs.

4. —Où avez-vous fait de la 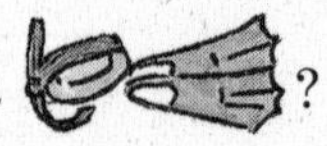 ?
   —Nous n'en avons fait nulle part.

5. —Vous préférez le [image] ou le  ?
   —Bof, je je n'aime ni le saucisson ni le rosbif (ni l'un ni l'autre).

6. —Vous avez beaucoup de [image] ?
   —Non, je n'ai qu'une valise.

URB p. 12

PARTIE 1 page 186

Objectives

Communication Functions and Contexts To be able to make travel plans
To be able to go through passport control and customs

Linguistic Goals To make negative statements using affirmative and negative expressions

Reading and Cultural Objectives To learn what French young people do when they travel and where they go
To read for pleasure

Motivation and Focus

- ❑ *Unit Opener:* Ask students to look at the photos and illustrations on pages 186–189 and guess where the young people might be going. Read *Thème et Objectifs*, page 186, and discuss favorite vacation destinations for American and French teenagers and how to plan for trips.
- ❑ *INFO Magazine:* Students can browse through pages 187–189 and write down three interesting points to be shared with the class. Discuss the articles, explaining the NOTES CULTURELLES, REALIA NOTES, and NOTES LINGUISTIQUES in the TE margins. Follow the TEACHING STRATEGY suggestions on TE page 188 to help students compare travel activities and destinations of French and American teenagers. Use any or all of the SUJETS DE DISCUSSION on TE page 189. Use the TEACHING STRATEGY on the same page to have students prepare interviews based on the article on page 189. Do *Et vous?*, pages 188 and 189.

Presentation and Explanation

- ❑ *Le français pratique (Les voyages):* Model the expressions and vocabulary on pages 190–191 for students to repeat. Guide students to talk about countries they would like to visit and locate the countries on the maps on **Overhead Transparencies** 2, 3, and 4. Have students read the *Note culturelle*, page 191. Share ADDITIONAL INFORMATION and the NOTE CULTURELLE about French passports and the European Union on TE page 191.
- ❑ *Langue et communication (Les expressions négatives):* Present the negative expressions with present tense and the ***passé composé,*** page 192. Model the examples for students to repeat. Guide students to discover the placement of ***ne*** and the other part of the expressions in relation to the verbs. Optionally, explain the constructions in *Allons plus loin.*
- ❑ *Langue et communication (L'expression **ne . . . que**):* Introduce the expression ***ne . . . que*** and explain its meaning. Model the examples on page 192 and have students repeat. Explain word order and use of articles after the verb. You may want to use the TEACHING STRATEGY: CHALLENGE on TE page 192 to present the construction ***ne faire que.***

Guided Practice and Checking Understanding

- ❑ Use the TEACHING STRATEGY, TE page 190, and the maps on **Overhead Transparencies** 2, 3, and 4 to have students practice talking about countries they'd like to visit and share foreign travel experiences.
- ❑ Do the TEACHING STRATEGY: WARM-UP on TE page 192 to practice using negative expressions.
- ❑ Have students do **Workbook** pages 133–135 as you play the **Audio,** CD 5, Tracks 1–7, or read pages 24–27 of the **Audioscript.**

- ❑ Show the video, or read from the **Videoscript,** pages 83–84, and have students do the corresponding activities in the **Video Activities,** pages 77–82.

Independent Practice

- ❑ *Pair activities:* Model the activities on pages 190–193. Students can do activities 1–2 (pages 190–191) and 2–3 (page 193) in pairs. Have students check their work using the **Student Text Answer Key**, pages 131–135.
- ❑ *Homework:* Assign activity 1 on page 193 for homework.
- ❑ Have students do the activities in ***Activités pour tous,*** pages 81–86.

Monitoring and Adjusting

- ❑ Have students complete the writing activities on pages 55–56 of the **Workbook.**
- ❑ Monitor use of vocabulary and negative expressions as students work on the practice activities. Refer back to pages 190–192 as needed. Use the NOTES LINGUISTIQUES and TEACHING NOTE, TE page 192, to meet students' needs.

Assessment

- ❑ Use the quiz for *INFO Magazine* in **Reading and Culture Tests and Quizzes,** page 89. Assess understanding by giving the **Lesson Quiz** for *Partie 1,* pages 28–29.

Reteaching

- ❑ Help students practice identifying and talking about countries with *Appendix A* pages R14–R15.

Extension and Enrichment

- ❑ Share the information about Swiss cantons in the REALIA NOTES on TE page 190. Students can research the names of the other Swiss cantons or make a map of the cantons.
- ❑ After explaining the NOTE CULTURELLE about ID forms, TE page 193, have students check newspapers and news reports for information about the EEC.

Summary and Closure

- ❑ Show **Overhead Transparency** 38. Have students choose and describe one of the travelers in the picture and suggest which of the places shown in the brochures the person might visit. Do the Goal 3 activity on page A80. Ask other students to summarize the language and communication goals demonstrated.
- ❑ Use the STUDENT PORTFOLIOS suggestion on TE page 193 to have students write postcards or letters describing things they did and didn't do, see, like, and eat on a trip to a foreign country.

PARTIE 1 page 186

Block scheduling (3 days to complete)

Objectives

Communication Functions and Contexts	To be able to make travel plans To be able to go through passport control and customs
Linguistic Goals	To make negative statements using affirmative and negative expressions
Reading and Cultural Objectives	To learn what French young people do when they travel and where they go To read for pleasure

Block Schedule

Personalizing Students choose two countries they would like to visit. They write the name of their first choice at the top of one half of a piece of paper, and their second choice at the top of the other half. They then write six sentences (using the future) under the first country, explaining what they will do, visit, etc. on their trip. After, they should write the same sentences in the conditional under the second country, changing the information to fit that country. ■

Day 1

Motivation and Focus

- ❑ *Unit Opener:* Ask students to look at the photos and illustrations on pages 186–189 and guess where the young people might be going. Read *Thème et Objectifs*, page 186, and discuss favorite vacation destinations for American and French teenagers and how to plan for trips.
- ❑ *INFO Magazine:* Students can browse through pages 187–189 and write down three interesting points to be shared with the class. Discuss the articles, explaining the NOTES CULTURELLES, REALIA NOTES, and NOTES LINGUISTIQUES in the TE margins. Follow the TEACHING STRATEGY suggestions on TE page 188 to help students compare travel activities and destinations of French and American teenagers. Use any or all of the SUJETS DE DISCUSSION on TE page 189. Use the TEACHING STRATEGY on the same page to have students prepare interviews based on the article on page 189. Do *Et vous?*, pages 188 and 189.

Presentation and Explanation

- ❑ *Le français pratique (Les voyages):* Model the expressions and vocabulary on pages 190–191 for students to repeat. Guide students to talk about countries they would like to visit and locate the countries on the maps on **Overhead Transparencies** 2, 3, and 4. Have students read the *Note culturelle*, page 191. Share ADDITIONAL INFORMATION and the NOTE CULTURELLE about French passports and the European Union on TE page 191.
- ❑ *Langue et communication (Les expressions négatives):* Present the negative expressions with present tense and the ***passé composé,*** page 192. Model the examples for students to repeat. Guide students to discover the placement of ***ne*** and the other part of the expressions in relation to the verbs. Optionally, explain the constructions in *Allons plus loin.*

- ❑ *Langue et communication (L'expression **ne . . . que**):* Introduce the expression ***ne . . . que*** and explain its meaning. Model the examples on page 192 and have students repeat. Explain word order and use of articles after the verb. You may want to use the TEACHING STRATEGY: CHALLENGE on TE page 192 to present the construction ***ne faire que.***

Guided Practice and Checking Understanding

- ❑ Use the TEACHING STRATEGY, TE page 190, and the maps on **Overhead Transparencies** 2, 3, and 4 to have students practice talking about countries they'd like to visit and share foreign travel experiences.
- ❑ Do the TEACHING STRATEGY: WARM-UP on TE page 192 to practice using negative expressions.
- ❑ Have students do **Workbook** pages 133–135 as you play the **Audio,** CD 5, Tracks 1–7, or read pages 24–27 of the **Audioscript.**

Day 2

Motivation and Focus

Guided Practice and Checking Understanding

- ❑ Show the video or read from the **Videoscript,** pages 83–84, and have students do the corresponding activities in the **Video Activities,** pages 77–82.

Independent Practice

- ❑ *Pair activities:* Model the activities on pages 190–193. Students can do activities 1–2 (pages 190–191) and 2–3 (page 193) in pairs. Have students check their work using the **Student Text Answer Key,** pages 131–135.
- ❑ *Homework:* Assign activity 1 on page 193.
- ❑ Have students do the activities in ***Activités pour tous,*** pages 81–86.

Monitoring and Adjusting

- ❑ Have students complete the writing activities on pages 55–56 of the **Workbook.**
- ❑ Monitor use of vocabulary and negative expressions as students work on the practice activities. Refer back to pages 190–192 as needed. Use the NOTES LINGUISTIQUES and TEACHING NOTE, TE page 192, to meet students' needs.

Reteaching (as needed)

- ❑ Help students practice identifying and talking about countries with *Appendix A* pages R14–R15.

ROUGE

Day 3

Extension and Enrichment (as desired)

- ❑ Use **Block Scheduling Copymasters,** pages 73 to 80.
- ❑ For expansion activities, direct students to www.classzone.com.
- ❑ Share the information about Swiss cantons in the REALIA NOTES on TE page 190. Students can research the names of the other Swiss cantons or make a map of the cantons.
- ❑ After explaining the NOTE CULTURELLE about ID forms, TE page 193, have students check newspapers and news reports for information about the EEC.
- ❑ Have students do the **Block Schedule Activity** at the top of page 15 of these lesson plans.

Summary and Closure

- ❑ Show **Overhead Transparency** 38. Have students choose and describe one of the travelers in the picture and suggest which of the places shown in the brochures the person might visit. Do the Goal 3 activity on page A80. Ask other students to summarize the language and communication goals demonstrated.
- ❑ Use the STUDENT PORTFOLIOS suggestion on TE page 193 to have students write postcards or letters describing things they did and didn't do, see, like, and eat on a trip to a foreign country.

Assessment

- ❑ Use the quiz for *INFO Magazine* in **Reading and Culture Tests and Quizzes,** page 89. Assess understanding by giving the **Lesson Quiz** for *Partie 1*, pages 28–29.

ROUGE

Date:

Dear Family:

By now, you are probably very familiar with the *Discovering French* program and its focus on authentic culture and real-life communication. Currently in French class, we are turning our attention to discussions of travel. Students are learning how to make travel plans and purchase tickets as well as all the necessary information to travel by plane or by train. In order to do that, students are sharpening their language skills and learning how to discuss future plans and events as well as describe what they *would* do under certain conditions.

Of course, students are continuing their exploration of French culture, too, and are learning why train travel is so popular among the French. In addition, students are finding out what French young people do when they travel abroad and about their favorite travel destinations. By comparing French culture with our own, students will sharpen their understanding of the similarities and differences between the two.

Please feel free to call me with any questions or concerns you might have as your student practices reading, writing, listening, and speaking in French.

Sincerely,

Nom ____

Classe ______________________ Date ______________

Discovering FRENCH Nouveau!

ROUGE

PARTIE 1 Le français pratique: Les voyages, pages 186–191

Materials Checklist

- ❑ **Student Text**
- ❑ **Audio CD** 5, Tracks 1–5
- ❑ **Video** 5, *Vidéo-drame*
- ❑ **Workbook**

Steps to Follow

- ❑ Unit opener: Read *Thème et objectifs* in the text (p. 186). Look at the photograph. Which unit themes or objectives does the photograph illustrate?
- ❑ Read *La Passion des voyages* in *INFO Magazine* in the text (pp. 187–188). What are three different types of vacation mentioned? Do *Composition* in *Et vous?* on page 188.
- ❑ Read *Impressions d'Amérique* in *INFO Magazine* in the text (p. 189). Do *Composition: une lettre* in *Et vous?* on page 189).
- ❑ Study *Les voyages* in the text (pp. 190–191). Say the expressions aloud.
- ❑ Review *Les pays* on pages R14–R15 in *Appendix A*.
- ❑ Listen to **Audio** CD 5, Tracks 1–5. Do Listening/Speaking Activities 1–5 in the **Workbook** (pp. 133–135).
- ❑ Do Activity 1 in the text (p. 190). Write complete sentences.
- ❑ Do Activity 2 in the text (p. 191). Read the entire dialogue aloud.
- ❑ Watch **Video** 5, *Vidéo-drame*. Pause and replay if necessary.

If You Don't Understand . . .

- ❑ Listen to the **CD** in a quiet place. Try to stay focused. If you get lost, stop the **CD**. Replay it and find your place.
- ❑ Watch the **Video** or **DVD** in a quiet place. Try to stay focused. If you get lost, stop the **Video** or **DVD**. Replay it and find your place.
- ❑ Read the activity directions carefully. Say them or write them in your own words.
- ❑ Read your answers aloud. Check spelling and accents.
- ❑ On a separate sheet of paper, copy new words and expressions. Learn their meanings.
- ❑ Write down any questions so that you can ask your partner or your teacher later.

Self Check

Choisissez la réponse logique. Suivez le modèle.

▶ Où vas-tu aller cet été? (en France / à la cuisine / au cinéma)
Je vais aller en France cet été.

1. Quel pays est-ce que tu vas visiter? (l'Allemagne / la rue / le parc)
2. Avez-vous une pièce d'identité? (une bicyclette / un sac à dos / un passeport)
3. Avec qui est-ce qu'il va voyager? (son chien / son chapeau / ses amis)
4. Comment est-ce que tu vas voyager? (la glace / en avion / au supermarché)
5. Pourquoi est-ce qu'ils vont en Grèce? (apprendre l'anglais/ apprendre le grec / apprendre le portuguais)

Answers

1. Je vais visiter l'Allemagne. 2. J'ai un passeport. 3. Il va voyager avec ses amis. 4. Je vais voyager en avion. 5. Ils vont en Grèce pour apprendre le grec.

Nom ______________________________

Classe ____________________ Date ____________________

A. Les expressions négatives, page 192

B. L'expression *ne . . . que,* pages 192–193

Materials Checklist

- ❑ **Student Text**
- ❑ **Audio CD** 5, Tracks 6–7
- ❑ **Video** 5, *Vidéo-drame*
- ❑ **Workbook**

Steps to Follow

- ❑ Study *Les expressions négatives* in the text (p. 192). Read the model sentences aloud. Where are negative expressions placed if the verb is in the **passé composé**? Which negative expression does not follow this rule? Which two negative expressions can be used as subjects?
- ❑ Study *L'expression* ***ne . . . que*** in the text (p. 192). Read the model sentences aloud. Do the indefinite and partitive articles change after **ne . . . que?** Why or why not?
- ❑ Listen to **Audio** CD 5, Tracks 6–7. Do Listening/Speaking Activities *Pratique orale 1* and *Pratique orale 2* in the **Workbook** (p. 135).
- ❑ Do Activities 1 and 2 in the text (p. 193). Write complete sentences. Check the position of the negative expressions in each sentence. Read the answers aloud.
- ❑ Do Activity 3 in the text (p. 193). Check spelling and accents in each sentence.
- ❑ Do Activities 1 and 2 in Writing Activities in the **Workbook** (pp. 55–56).
- ❑ Watch **Video** 5, *Vidéo-drame.* Pause and replay if necessary.

If You Don't Understand . . .

- ❑ Listen to the **CD** in a quiet place. Try to stay focused. If you get lost, stop the **CD** and find your place.
- ❑ Watch the **Video** or **DVD** in a quiet place. Try to stay focused. If you get lost, stop the **Video** or **DVD**. Replay it and find your place.
- ❑ Read the activity directions carefully. Say them or write them in your own words.
- ❑ Read your answers aloud. Check spelling and accents.
- ❑ When you write a sentence, ask yourself, "What do I mean? What am I trying to say?"
- ❑ On a separate sheet of paper, write down the words that are new. Learn their meanings.
- ❑ Write down any questions so that you can ask your partner or your teacher later.

Self Check

Répondez aux questions suivantes avec les expressions négatives **ne . . . rien, ne . . . personne, ne . . . nulle part, ne . . . ni . . . ni**, et l'expression **ne . . . que**.

▶ Est-ce que vous avez vu quelqu'un?
Je n'ai vu personne.

1. Est-ce que tu as fait quelque chose pendant le week-end?
2. Est-ce qu'il parle français aussi bien qu'anglais?
3. Est-ce qu'elle voyage quelque part cet été?
4. Ont-ils vu quelqu'un au restaurant?
5. Avez-vous des frères et des soeurs?

Answers

1. Je n'ai rien fait pendant le week-end. 2. Il ne parle qu'anglais. 3. Elle ne voyage nulle part cet été. 4. Ils n'ont vue personne au restaurant. 5. Je n'ai ni frères ni soeurs.

Nom ______________________________

Classe ____________________ Date ____________

Discovering FRENCH Nouveau!

ROUGE

PARTIE 1

Interview a family member. Find out where he or she wants to spend some time. Choose from among the following places.

- First, explain your assignment.
- Next, help the family member pronounce the possible answers. Model the correct pronunciation as you point to each word.
- Ask the question, **Où veux-tu faire un séjour?**
- When you have an answer, complete the sentence at the bottom of the page.

Je veux faire un séjour . . .

au Portugal.

au Mexique.

en Grèce.

____________________ veux faire un séjour ____________________

____.

Nom ______________________________

Classe ______________ Date ______________

Le week-end dernier

Interview a family member. Find out if he or she went somewhere, saw someone, bought some CDs.

- First, explain your assignment.
- Next, model the pronunciation of the possible answers. Give any necessary English equivalents.
- Ask the questions, one at a time: **Es- tu allé(e) quelque part? As-tu vu quelqu'un? As-tu acheté quelques CDs?**
- When you have an answer, write a sentence or two explaining what the family member did or didn't do last weekend.

Oui	**Non**
Je suis allé(e) quelque part.	**Je ne suis allé(e) nulle part.**
J'ai vu quelqu'un.	**Je n'ai vu personne.**
J'ai acheté quelques CDs.	**Je n'ai acheté aucun CD.**

Le week-end dernier:

PARTIE 1

Le français pratique: Les voyages

CD 5, Track 1

Activité 1. Compréhension orale, p. 190

Vous allez entendre Élise, une jeune Française, vous parler de ses projets de vacances. Ensuite, vous allez écouter une série de phrases concernant ces projets. D'abord, écoutez ce que dit Élise.

J'aimerais bien aller à l'étranger cet été. Je voudrais faire un séjour de deux ou trois semaines dans un pays que je ne connais pas du tout. J'adore voyager! J'ai déjà visité beaucoup de pays d'Europe. Et je suis allée plusieurs fois aux États-Unis et au Canada, parce que j'ai des cousins qui habitent là-bas. L'année dernière, je n'avais pas beaucoup d'argent et j'ai juste fait un petit séjour en Espagne. Mais cette année, j'ai travaillé tous les samedis dans un magasin et j'ai fait beaucoup de baby-sitting; alors, j'ai assez d'argent pour faire un beau voyage. J'ai envie d'aller en Amérique du sud. Je ne suis jamais allée dans cette partie du monde. Puis, comme j'étudie l'espagnol, ce serait une bonne occasion de pratiquer la langue. Un voyage au Pérou, par exemple, quel rêve! On m'a dit que c'est un pays magnifique. Je vais en parler à Sylvie, Nicole et Jeanne. On pourrait partir ensemble: passeport, sac à dos et en voyage!

Écoutez de nouveau ce que dit Élise.

Maintenant, écoutez bien chaque phrase et marquez dans votre cahier si elle est vraie ou fausse. Vous allez entendre chaque phrase deux fois.

1. Élise veut faire un séjour d'un mois à l'étranger.
2. Elle connaît bien l'Europe.
3. Elle a des cousins qui habitent en Amérique du nord.
4. L'année dernière, elle a passé de longues vacances en Espagne.
5. Cette année, elle a assez d'argent pour faire un beau voyage.
6. Elle est déjà allée en Amérique du sud.
7. Elle ne parle pas du tout espagnol.
8. Elle rêve d'aller au Pérou.
9. Elle préfère faire ce voyage seule.
10. Elle voyage toujours avec trois valises.

Maintenant, vérifiez vos réponses. You should have marked **vrai** for items 2, 3, 5, and 8. You should have marked **faux** for items 1, 4, 6, 7, 9, and 10.

CD 5, Track 2

Activité 2. Réponses logiques

Vous allez entendre une série de questions. Pour chaque question, la réponse est incomplète. Dans votre cahier marquez d'un cercle le mot ou l'expression qui complète la réponse le plus logiquement. D'abord, écoutez le modèle.

Modèle: Qu'est-ce que tu aimes faire pendant les vacances?
J'aime . . .

La réponse logique est **b: voyager.**

1. Où est-ce que tu vas aller cet été?
   Je vais aller . . .
2. Dans quel pays est-ce que tu vas aller?
   Je vais aller . . .
3. Quel pays as-tu visité l'été dernier?
   J'ai visité . . .
4. Est-ce que tu vas au Mexique pour travailler?
   Non, j'y vais pour . . .
5. Dans quel pays est-ce qu'on doit aller pour visiter la Tour de Londres et le British Museum?
   On doit aller . . .
6. Qu'est-ce qu'il faut présenter au contrôle des passeports?
   Il faut présenter . . .
7. Où est-ce qu'il faut passer après le contrôle des passeports?
   Il faut passer . . .

8. Quand les étudiants voyagent, qu'est-ce qu'ils prennent comme bagages?
   Ils prennent souvent . . .
9. Tu as juste un bagage à main pour voyager?
   Non, j'ai aussi . . .
10. Qu'est-ce que je dois faire à la douane si je rapporte des cadeaux?
    Tu dois . . .

Maintenant, vérifiez vos réponses. You should have circled: 1-a, 2-a, 3-c, 4-b, 5-c, 6-a, 7-b, 8-b, 9-c, 10-a.

CD 5, Track 3

Activité 3. Échanges

Vous allez entendre une série d'échanges. Chaque échange consiste en une question et une réponse. Écoutez bien chaque échange, puis complétez la réponse dans votre cahier. Vous allez entendre chaque réponse deux fois. D'abord, écoutez le modèle.

Modèle: Où es-tu allé en vacances?
Je suis allé *aux États-Unis*.

1. Quel pays est-ce que tu aimerais visiter?
   J'aimerais bien *faire un voyage en Italie.*
2. Quand je voyage, j'ai toujours trop de bagages. Et toi?
   Non, moi, je prends juste *un sac à dos.*
3. Vos amis ont eu des problèmes à la douane?
   Non, ils n'avaient rien *à déclarer.*
4. Est-ce que vos enfants vont voyager cet été?
   Oui, ils vont faire *un séjour à l'étranger.*
5. Qu'est-ce que ton frère a perdu?
   Il a perdu *son permis de conduire.*
6. Est-ce que tu as ton passeport?
   Oui, il est *dans mon bagage à main.*
7. Où est-ce que vous aimeriez voyager?
   Nous aimerions beaucoup *visiter les pays d'Asie.*
8. Combien de bagages est-ce que vous avez?
   Nous avons *une valise et deux sacs.*
9. Tu cherches quelque chose?
   J'ai besoin de mon passeport.
10. Où est-ce qu'on contrôle les bagages?
    On les contrôle *à la douane.*

CD 5, Track 4

Activité 4. Questions

Vous allez entendre une série de questions. Regardez le dessin dans votre cahier et répondez aux questions. D'abord, écoutez le modèle.

Modèle: Où es-tu allé en vacances?
Je suis allé aux États-Unis.

1. Dans quel pays habitent nos cousins? # Ils habitent au Portugal.
2. Où vas-tu faire un voyage? # Je vais faire un voyage au Canada.
3. Dans quel pays est-ce que Michèle a perdu ses bagages? # Elle les a perdus en Grèce.
4. Où est-ce que vous allez aller cet été? # Nous allons aller au Mexique.
5. Est-ce que Lisa a acheté son sac à dos aux États-Unis? # Non, elle l'a acheté en Italie.
6. Dans quel pays allez-vous faire un séjour linguistique? # Nous allons faire un séjour linguistique en Espagne.
7. Dans quel continent vas-tu faire un voyage l'été prochain? # Je vais faire un voyage en Afrique.
8. Où est-ce que Claire a oublié sa valise? # Elle l'a oubliée en Suisse.
9. Quel pays d'Afrique du nord aimeriez-vous visiter? # Nous aimerions visiter la Tunisie.
10. Où est-ce que tu as acheté ton walkman? # Je l'ai acheté au Japon.

CD 5, Track 5

Activité 5. Minidialogues

Vous allez entendre deux dialogues. Après chaque dialogue, vous allez écouter une série de questions. D'abord, écoutez le premier dialogue.

Sophie et Louise discutent de leurs projets de vacances.

LOUISE: Ah, salut, Sophie. Tu n'es pas encore partie en vacances?

SOPHIE: Non, je voulais faire un voyage au Canada, mais je n'ai pas assez d'argent.

LOUISE: Moi aussi je veux aller à l'étranger. Je vais visiter la Grèce.

SOPHIE: C'est génial! . . . Mais c'est cher aussi!

LOUISE: Pas trop cher. Et puis, j'ai travaillé tous les week-ends pour gagner de l'argent.

SOPHIE: Quand est-ce que tu pars?

LOUISE: À la fin de la semaine prochaine. Je pars avec Nelly et Anne. Tu veux venir avec nous?

SOPHIE: J'aimerais bien . . . Je vais voir si c'est possible et je te téléphone demain matin.

Écoutez de nouveau le dialogue.

Maintenant, écoutez bien chaque question et marquez d'un cercle dans votre cahier la réponse que vous trouvez la plus logique.

1. Pourquoi est-ce que Sophie ne va pas au Canada?
2. Quel pays est-ce que Louise va visiter?
3. Quand est-ce que Louise a travaillé pour gagner de l'argent?
4. Avec combien de personnes Louise doit-elle partir?

Maintenant, vérifiez vos réponses. You should have circled: 1-c, 2-a, 3-c, and 4-b.

Maintenant, écoutez le second dialogue.

Virginie raconte ses vacances à Caroline.

CAROLINE: Alors, Virginie, tes vacances se sont bien passées?

VIRGINIE: Ne m'en parle pas! Une catastrophe!

CAROLINE : Tu es bien allée en Italie?

VIRGINIE: Non! D'abord, j'ai eu des problèmes à l'aéroport parce que je n'avais pas ma carte d'identité.

CAROLINE: Tu n'as pas pu prendre l'avion?

VIRGINIE: Non, mais mes bagages, eux, sont partis sans moi!

CAROLINE: Alors, qu'est-ce que tu as fait?

VIRGINIE: En prenant le métro pour rentrer chez moi, j'étais furieuse. Je n'ai pas fait attention et je suis tombée dans l'escalier. Je me suis cassé le genou. Au lieu d'un séjour en Italie, j'ai fait un séjour à l'hôpital!

Écoutez de nouveau le dialogue.

Maintenant, écoutez bien chaque question et marquez d'un cercle dans votre cahier la réponse que vous trouvez la plus logique.

1. Est-ce que les vacances de Virginie se sont bien passées?
2. Où est-ce que ses problèmes ont commencé?
3. Qu'est-ce qui est arrivé à ses bagages?
4. Finalement, où Virginie a-t-elle passé ses vacances?

Maintenant, vérifiez vos réponses. You should have circled: 1-b, 2-c, 3-a, and 4-a.

Langue et communication

CD 5, Track 6

Pratique orale 1, p. 192

Vous allez entendre une série de phrases concernant un accident qui a eu lieu près de chez vous. Vous allez contredire chacune de ces phrases en commençant votre phrase par **Moi, je . . .** Utilisez les expressions négatives dans votre cahier. D'abord, écoutez le modèle.

Modèle: Cinq personnes ont vu l'accident.
Moi, je n'ai rien vu.

1. Une jeune femme a vu une voiture arriver très vite. # Moi, je n'ai rien vu.
2. Deux personnes ont remarqué une petite fille qui traversait la rue. # Moi, je n'ai remarqué personne.
3. Un autre témoin a vu une petite fille et un chien. # Moi, je n'ai vu ni petite fille ni chien.
4. Un garçon a entendu du bruit. # Moi, je n'ai rien entendu.

5. Un homme a vu quelques voitures s'arrêter. # Moi, je n'ai vu aucune voiture s'arrêter.
6. Une personne est allée au commissariat de police. # Moi, je ne suis allé nulle part.
7. Une jeune fille a tout raconté à la police. # Moi, je n'ai rien raconté à la police.
8. Tout le monde a proposé une explication. # Moi, je n'ai proposé aucune explication.

CD 5, Track 7

Pratique orale 2

Vous allez entendre une série de questions posées au passage à la douane. Répondez à ces questions en employant **ne . . . que** et les expressions dans votre cahier. Soyez logique! D'abord, écoutez le modèle.

Modèle: Est-ce que vous parlez allemand? Non, je ne parle que français.

1. Qu'est-ce que vous avez comme pièces d'identité? # Je n'ai que mon passeport.
2. Vous avez visité plusieurs pays pendant votre voyage? # Non, je n'ai visité que la Suisse.
3. Dans quelles villes êtes-vous allé? # Je ne suis allé qu'à Genève.
4. Êtes-vous resté longtemps en Suisse? # Non, je n'y suis resté qu'une semaine.
5. Avez-vous acheté beaucoup de souvenirs? # Non, je n'ai acheté qu'une montre.
6. Combien l'avez-vous payée? # Je ne l'ai payée que cent francs.
7. Est-ce que vous avez des bagages? # Je n'ai qu'une valise.
8. Vous n'avez pas de sac? # Non, je n'ai qu'un bagage à main.
9. Est-ce que vous voyagez souvent? # Non, je ne voyage qu'une fois par an.
10. Vous habitez en France depuis longtemps? # Non, je n'y habite que depuis un an.

Nom ____

Classe ______________________ Date ______________

Petit examen 1 (Version A)

A. Un voyage. (50 points total: 10 points each sentence)

Robert et Anne vont voyager cet été. Ils parlent de ce qu'il faut faire avant de partir. Écrivez la lettre qui correspond aux mots qui complètent chaque phrase correctement. (Attention: il y a plus de mots donnés que nécessaire.)

a. un bagage à main
b. à la douane
c. à l'étranger
d. faire un séjour
e. ton passeport
f. un permis de conduire
g. une valise

ANNE: D'abord, il faut décider si nous allons voyager (1) ________________ ou non.

ROBERT: Je voudrais (2) ________________ en Grèce.

ANNE: D'accord. Mais est-ce que tu as (3) ________________?

ROBERT: Bien sûr! C'est impossible de passer au contrôle des passeports et (4) ________________ sans une pièce d'identité!

ANNE: Et tes bagages? Je n'aurai qu' (5a) ________________ et (5b) ________________.

ROBERT: Moi, je voyagerai seulement avec un sac à dos.

B. Le contraire. (50 points total: 10 points each sentence)

Vous parlez avec Pierre Contraire. Il n'est pas d'accord avec vous. Complétez ses phrases avec une expression négative ou avec *ne . . . que.*

VOUS: Je connais *quelqu'un* dans ma classe.

PIERRE: Moi, je ne connais (6) ________________ dans ma classe.

VOUS: Nous avons *quelque chose* pour toi.

PIERRE: Hélas, je n'ai (7) ________________ pour vous.

VOUS: Mon camarade est *quelque part.*

PIERRE: Et mon camarade n'est (8) ________________.

VOUS: Est-ce que tu as *une* idée?

PIERRE: Non, je n'ai (9) ________________ idée.

VOUS: Paul va à la bibliothèque *et* ensuite chez lui, n'est-ce pas?

PIERRE: Non, il ne va (10a) ________________ à la bibliothèque (10b) ________________ chez lui.

Nom ______________________________

Classe ______________________ Date ______________

Discovering FRENCH Nouveau!

ROUGE

Petit examen 1 (Version B)

A. Un voyage. (50 points total: 10 points each)

Robert et Anne vont voyager cet été. Ils parlent de ce qu'il faut faire avant de partir. Écrivez la lettre qui correspond aux mots qui complètent chaque phrase correctement. (Attention: il y a plus de mots donnés que nécessaire.)

a. bagage à main b. à la douane c. à l'étranger d. faire un séjour

e. ton passeport f. un permis de conduire g. valise

ANNE: D'abord, il faut décider si nous allons voyager (1) ______________ ou non.

ROBERT: Je voudrais (2) ______________ en Grèce.

ANNE: D'accord. Mais est-ce que tu as (3) ______________?

ROBERT: Bien sûr! C'est impossible de passer au contrôle des passeports et (4) ______________ sans une pièce d'identité!

ANNE: Et tes bagages? Je n'aurai qu'une (5) ______________.

ROBERT: Moi, je voyagerai seulement avec un sac à dos.

B. Le Contraire. (50 points total: 10 points each)

Vous parlez avec Pierre Contraire. Il n'est pas d'accord avec vous. Écrivez la lettre qui correspond à l'expression négative (ou à l'expression *ne . . . que*) qui complète chaque phrase correctement.

a. aucune b. personne c. ni . . . ni

d. ne . . . que e. rien f. nulle part

VOUS: Je connais *quelqu'un* dans ma classe.

PIERRE: Moi, je ne connais (6) ______________ dans ma classe.

VOUS: Nous avons *quelque chose* pour toi.

PIERRE: Hélas, je n'ai (7) ______________ pour vous.

VOUS: Mon camarade est *quelque part*.

PIERRE: Et mon camarade n'est (8) ______________.

VOUS: Est-ce que tu as *une* idée?

PIERRE: Non, je n'ai (9) ______________ idée.

VOUS: Paul va à la bibliothèque *et* ensuite chez lui, n'est-ce pas?

PIERRE: Non, il ne va (10) ______________ à la bibliothèque ______________ chez lui.

URB p. 29

Nom ______________________ Date ______________

Discovering FRENCH Nouveau!

ROUGE

PARTIE 2

WRITING ACTIVITIES

Pratique Le futur

Allons au festival! Vous organisez le voyage de votre club de français au festival international de Louisiane, à Lafayette. Les membres du club veulent connaître tous les détails. Écrivez leurs questions et vos réponses en mettant les verbes au futur. Utilisez des pronoms dans vos réponses pour aller plus vite.

▶ nous / aller à Baton Rouge

VOTRE AMI: Est-ce que nous irons à Baton Rouge?

VOUS: Non, nous n'y irons pas.

1. toi / obtenir nos cartes d'embarquement à l'avance

   VOTRE AMI: Est-ce que tu obtiendras nos cartes d'embarquement à l'avance?

   VOUS: Oui, Oui, je les obtiendrai à l'avance.

2. nous / faire une escale

   VOTRE AMI: Est-ce que nous ferons une escale?

   VOUS: Non, Non, nous n'en ferons pas.

3. l'avion / atterrir à La Nouvelle-Orléans!

   VOTRE AMI: Est-ce que l'avion atterrira à La Nouvelle-Orléans?

   VOUS: Oui, Oui, il y atterrira.

4. moi / avoir un billet de classe touriste

   VOTRE AMI: Est-ce que j'aurai un billet de classe économie?

   VOUS: Oui, Oui, tu en auras un.

5. Sarah et moi / pouvoir avoir un siège près de la fenêtre

   VOTRE AMI: Est-ce que nous pourrons avoir un siège près de la fenêtre?

   VOUS: Oui, Oui, vous pourrez en avoir un.

6. toi / savoir le numéro de vol demain

   VOTRE AMI: Est-ce que tu sauras le numéro de vol demain?

   VOUS: Non, Non, je ne le saurai pas demain.

7. nous / payer nos billets au retour

   VOTRE AMI: Est-ce que nous paierons nos billets au retour?

   VOUS: Non, Non, vous ne les paierez pas au retour.

8. les hôtesses / offrir des sodas

   VOTRE AMI: Est-ce que les hôtesses offriront des sodas?

   VOUS: Oui, Oui, elles en offriront.

URB p. 31

Nom ______________________ Date ______________

A 1. Tout se passera bien La semaine prochaine, vous prendrez l'avion avec vos frères et soeurs pour aller passer deux semaines chez vos grands-parents. Vos parents ont besoin d'être rassurés. Dites-leur ce que vous ferez en utilisant les suggestions des deux colonnes. Soyez logique!

acheter	**au courant** *(informed)* **de ce qui se passe**
appeler	**dans l'aéroport**
arriver (à)	**dans l'avion**
attacher	**des cartes postales à toute la famille**
devoir	**l'aéroport à l'heure**
dormir	**maman de l'aéroport**
envoyer	**me reposer chez les grands-parents**
être	**nos valises**
faire attention (à)	**nous attendre à l'arrivée**
pouvoir	**quelques magazines**
se promener	**sa ceinture de sécurité**

▶ Patricia et moi, nous arriverons à l'aéroport à l'heure.

1. Lucas et moi, nous enverrons des cartes postales à toute la famille.
2. Patricia dormira dans l'avion.
3. Philippe attachera sa ceinture de sécurité.
4. Je (J') ferai attention à nos valises.
5. Patricia et moi, nous nous promènerons dans l'aéroport.
6. Lucas et toi, vous appellerez maman de l'aéroport.
7. Les grands-parents devront nous attendre à l'arrivée.
8. Tu achèteras quelques magazines.
9. Je (J') pourrai me reposer chez les grands-parents.
10. Papa et toi, vous serez au courant de ce qui se passe.

B 1. Les projets Vos amis et vous projetez de faire un voyage en train quand vous serez en France. Aidez-vous des suggestions données pour dire ce que vous ferez si les circonstances suivantes se présentent. Soyez logique!

▶ Tu n'as pas de siège près de la fenêtre. (occuper quoi?)
Si je n'ai pas de siège près de la fenêtre, j'occuperai une place près du couloir.

1. Vous ne pouvez pas partir. (annuler quoi?)
   Si nous ne pouvons pas partir, nous annulerons nos réservations.
2. Pierre et moi, nous allons en Suisse. (passer par quoi?)
   Si vous allez en Suisse, vous passerez par la douane.
3. Tu es fatigué(e). (revenir quand?)
   Si je suis fatigué(e), je reviendrai plus tôt.
4. Je veux faire des économies. (voyager comment?)
   Si tu veux faire des économies, tu voyageras en deuxième classe.

URB p. 32

5. Tes amis ne compostent pas leurs billets. (avoir quoi?)
   S'ils ne compostent pas leurs billets, ils auront une amende.
6. Lucille et moi, nous ratons le train. (prendre quoi?)
   Si vous ratez le train, vous prendrez le prochain.
7. Tu ne sais pas quel est le quai de départ. (regarder quoi?)
   Si je ne sais pas quel est le quai de départ, je regarderai le tableau d'affichage.
8. Éric et toi, vous désirez acheter un autre billet. (aller où?)
   Si nous désirons acheter un autre billet, nous irons au guichet.

C 2. Bientôt les vacances! C'est bientôt les vacances d'été. Aidez-vous des illustrations pour dire ce que ces personnes feront et imaginez quand elles pourront faire cette activité. Soyez logique! (Attention: utilisez des verbes différents dans vos réponses.)

▶ (toi)
Je ferai de la plongée sous-marine quand je serai chez mon cousin.

1. (Luis et Francis)
   Ils prendront des bains de soleil quand ils seront à la plage.
2. (moi)
   Tu feras de la planche à voile quand tu iras à la Martinique.
3. (Roger et moi)
   Vous écrirez des cartes postales quand vous serez en vacances.
4. (Jacques)
   Il ira au zoo quand il aura du temps libre.
5. (toi et moi)
   Nous prendrons l'avion quand nous partirons en France.
6. (Marianne et sa soeur)
   Elles passeront par la douane quand elles arriveront en Afrique.
7. (toi)
   Je verrai la Tour Eiffel quand je visiterai Paris.
8. (Mimi et moi)
   Vous vous promènerez dans les bois quand vous ferez du camping.

URB p. 33

C 3. Que ferez-vous? Quels sont vos projets d'avenir? Dites ce que vous ferez quand vous serez confronté(e) aux situations suivantes. (Attention: dans vos réponses, utilisez les conjonctions de temps suggérées.)

aussitôt que	dès que	lorsque	quand

▶ gagner à la loterie
J'achèterai une voiture neuve aussitôt que je gagnerai à la loterie.

1. être en vacances
   Je ferai un stage lorsque je serai en vacances.
2. obtenir votre diplôme
   Je chercherai du travail aussitôt que j'obtiendrai mon diplôme.
3. avoir du temps libre
   J'irai au cinéma dès que j'aurai du temps libre.
4. être indépendant(e)
   Je louerai un studio en ville dès que je serai indépendant(e).
5. gagner assez d'argent
   Je voyagerai lorsque je gagnerai assez d'argent.
6. en avoir l'opportunité
   Je visiterai Paris aussitôt que j'en aurai l'opportunité.
7. acheter une voiture
   Je choisirai une Ferrari quand j'achèterai une voiture.
8. chercher du travail
   Je me ferai couper les cheveux lorsque je chercherai du travail.

Pratique Le conditionnel

En avion Dites ce que chacun ferait si vos amis et vous preniez l'avion. Utilisez les suggestions des deux colonnes et mettez les verbes au conditionnel.

acheter	**à la porte de départ à l'heure**
annoncer	**des billets aller et retour**
avoir	**des places près des fenêtres**
être	**des produits hors-taxes** *(duty-free)*
faire	**des réservations à l'avance**
mettre	**direct**
regarder	**l'heure d'arrivée**
se présenter	**les bagages à main sous le siège**
vendre	**les nuages**
vouloir	**plus confortablement en première classe**
voyager	**un siège dans la section non-fumeur**

URB p. 34

▶ Je regarderais les nuages.

1. Les hôtesses vendraient des produits hors-taxe.
2. Le pilote annoncerait l'heure d'arrivée.
3. Les enfants auraient des places près des fenêtres.
4. Je (J') voudrais un siège dans la section non-fumeur.
5. Alex et toi, vous feriez des réservations à l'avance.
6. Tu voyagerais plus confortablement en première classe.
7. Paul et moi, nous achèterions des billets aller et retour.
8. Les passagers mettraient les bagages à main sous le siège.
9. Le vol serait direct.
10. Je (J') me présenterais à la porte de départ à l'heure.

D 1. Les conditions C'est bientôt les vacances et toute la classe se prépare à partir en train pour Montréal. Complétez les phrases avec une expression de votre choix pour dire ce que vous et vos amis feriez dans les circonstances données. Soyez logique!

▶ Si vous ne fumiez pas, vous choisiriez la section non-fumeur.

1. Si tu avais de l'argent, tu achèterais un billet de première classe.
2. Si Corinne et toi, vous étiez en retard, vous attendriez le train suivant.
3. Si nous ne trouvions pas le quai, nous demanderions au contrôleur.
4. Si je voulais voir le paysage *(scenery)*, je prendrais un siège près de la fenêtre.
5. Si Victor et Irène avaient leur permis de conduire, ils loueraient une voiture.
6. Si le contrôleur passait, il demanderait les billets.
7. Si tu emportais beaucoup de vêtements, tu aurais besoin de deux valises.
8. Si nous étions prudents, nous réserverions nos places.
9. Si je passais par la douane, je présenterais mon passeport.
10. Si Agnès et toi, vous perdiez vos billets, vous devriez en acheter d'autres.

URB p. 35

Nom _______________________ Date _______________

ROUGE

Communication

A. L'entrée au Canada Quand vous arrivez au Canada par avion, l'hôtesse vous demande de remplir une déclaration de douane identique à celle-ci. Prétendez que vous êtes un passager sur le vol Air Canada N° 048 à destination de l'aéroport Dorval de Montréal et remplissez la fiche.

Les réponses aux questions suivantes servent au contrôle douanier et à la compilation de statistiques.

À remplir par tous les voyageurs

Nom de famille ______ Prénom et initiales ______ Date de naissance J | M | A

Adresse — n°, rue ______ Code postal ______

Ville, village ______ Province ou état ______ PAYS ______

ARRIVÉE PAR (indiquer le moyen) :
☐ Air ______ Compagnie aérienne ______ N° du vol ☐ Marine ☐ Chemin de fer ☐ Autobus

J'ENTRE AU CANADA EN PROVENANCE (Cocher une seule case)
☐ des É.-U. seulement (y compris Hawaii)
☐ d'un autre pays (vol direct)
☐ d'un autre pays via les É.-U.

INDIQUER LES 3 DERNIERS PAYS VISITÉS DURANT CE VOYAGE (excluant les É.-U.) :
______
______
______

RAISON PRINCIPALE DE CE VOYAGE : ☐ Personnelle ☐ Voyage d'affaires

– J'apporte au Canada :	OUI	NON
• des articles dont la valeur/le nombre dépasse l'exemption personnelle, y compris des cadeaux **(voir feuille de renseignements)**;	☐	☐
• armes à feu ou autres armes; produits dérivés d'animaux menacés d'extinction;	☐	☐
• du matériel commercial, des marchandises destinées à un usage professionnel ou commercial, des articles à revendre, des échantillons, outils, équipement;	☐	☐
• des animaux, oiseaux, viandes, aliments contenant de la viande ou des produits laitiers, oeufs;	☐	☐
• des plantes, boutures, vignes, légumes, fruits, graines, noix, bulbes, racines ou de la terre.	☐	☐
– Je visiterai une ferme au Canada dans les 14 prochains jours.	☐	☐

B. Où iriez-vous? Où iriez-vous si vous pouviez faire un long voyage? Dites-le et donnez cinq exemples de ce que vous feriez dans ce pays.

Si je pouvais faire un long voyage, je (j') . . .

1. partirais en Afrique.
2. visiterais de nombreux pays.
3. mangerais des spécialités africaines.
4. rencontrerais des gens intéressants.
5. discuterais avec les jeunes africains.
6. irais dans des petits villages.

URB p. 36

Nom ______________________________ Date ________________

LISTENING/SPEAKING ACTIVITIES

Le français pratique: Partons en voyage

1. Compréhension orale Vous allez entendre une conversation entre deux amis, Luc et Jacques. Ensuite, vous allez écouter une série de phrases concernant cette conversation. D'abord, écoutez la conversation.

. . .

Écoutez de nouveau la conversation.

. . .

Maintenant, écoutez bien chaque phrase et marquez dans votre cahier si elle est vraie ou fausse. Vous allez entendre chaque phrase deux fois.

	vrai	faux		vrai	faux
1.	☐	☑	6.	☑	☐
2.	☑	☐	7.	☐	☑
3.	☑	☐	8.	☐	☑
4.	☐	☑	9.	☑	☐
5.	☐	☑	10.	☐	☑

2. Réponses logiques Vous allez entendre une série de questions. Pour chaque question, la réponse est incomplète. Dans votre cahier, marquez d'un cercle le mot ou l'expression qui complète la réponse le plus logiquement. D'abord, écoutez le modèle.

► Où vas-tu pour organiser ton voyage?
Je vais . . .

a. à la pharmacie **b. au marché** **(c.) à l'agence de voyages**

	a.	b.	c.
1.	(a.) mon billet	b. des cours de français	c. des cartes postales
2.	a. avec Louise et sa soeur	(b.) en train	c. à skis
3.	(a.) en deuxième classe	b. en classe de maths	c. à skis
4.	a. grand fumeurs	(b.) non-fumeur	c. rouge
5.	a. toujours en retard	b. toujours prêts	(c.) toujours à l'heure
6.	a. que le train est vide	b. que je serai libre	(c.) qu'il y a de la place
7.	a. près du moteur	(b.) près de la fenêtre	c. près des toilettes
8.	a. passer à la douane	b. donner son passeport	(c.) composter le billet
9.	(a.) en avion	b. en métro	c. à pied
10.	a. en classe spéciale	(b.) en classe économie	c. en classe gratuite
11.	a. l'avion est rapide	b. le voyage est terminé	(c.) le vol est direct
12.	(a.) confirmer sa réservation	b. acheter son billet	c. partir en avion
13.	a. téléphoner	(b.) louer une voiture	c. prendre l'avion
14.	(a.) arriver à l'aéroport en avance	b. prendre le train	c. composter son billet
15.	(a.) les enregistrer	b. les perdre	c. les poster

3. Conversation Vous allez entendre une conversation. Écoutez bien cette conversation, puis répondez aux questions posées. D'abord, écoutez la conversation.

. . .

Écoutez de nouveau la conversation.

. . .

Maintenant, répondez oralement aux questions suivantes. Vous allez entendre chaque question deux fois.

Please see the Answer Key on page 137.

4. Instructions Vous allez entendre une conversation entre Élisabeth Lubin et un agent de voyage. Vous allez écouter cette conversation deux fois. Écoutez bien et complétez la fiche de réservation dans votre cahier.

. . .

Écoutez de nouveau la conversation.

✈ **FICHE DE RÉSERVATION** ✈

Date de réservation: 2 mai
Nom(s): Élisabeth et Georges Lubin
Destination: Boston, États-Unis **Date du voyage:** 13 juillet
N° de vol: 807
Section: non-fumeur
Aéroport de départ: Charles de Gaulle **Heure de départ:** 13h30
Prix: 1 600 euros **Mode de paiement:** carte de crédit

5. Situation Vous allez participer à une conversation en répondant à certaines questions. D'abord, écoutez la conversation incomplète jusqu'à la fin. Ne répondez pas aux questions. Écoutez.

. . .

Écoutez de nouveau la conversation. Cette fois, jouez le rôle de l'employé de l'agence de voyage et répondez aux questions de Lisa. Pour répondre aux questions, regardez les informations dans votre cahier. Répondez après le signal sonore.

★★★★ **UN WEEK-END À VENISE** ★★★★
avec
AIR FRANCE
PRIX SPÉCIAL CARNAVAL!
aller et retour en avion:
Tarif spécial pour les jeunes de moins de 25 ans!

✈ **Départ de Paris le vendredi 27 janvier à 17h30 sur le vol Air France 654 — Arrivée à 19h10**
✈ **Retour le dimanche 29 janvier à 20h05 sur le vol Air France 627 — Arrivée à 21h45**

Prix du billet: 250€*

*Tarif spécial jeunes

L'EMPLOYÉ: (Oui, nous avons des tarifs pour les moins de 25 ans.)
L'EMPLOYÉ: (Avec Air France, mademoiselle.)
L'EMPLOYÉ: (Le départ est le vendredi 27 janvier à 17h30.)
L'EMPLOYÉ: (Le retour est le dimanche 29 janvier à 20h05.)
L'EMPLOYÉ: (Il atterrit à 21h45.)
L'EMPLOYÉ: (250 euros, pour les moins de 25 ans.)

Nom ______________________________ Date ________________

Discovering FRENCH Nouveau!
ROUGE

Langue et communication

Pratique orale 1 Vous allez entendre une série de questions concernant les projets de plusieurs personnes. Jouez le rôle de ces personnes et répondez aux questions. Utilisez le futur et les expressions dans votre cahier. D'abord, écoutez le modèle.

▶ voyager au Brésil

Cette année, nous avons voyagé en Italie.
Et l'année prochaine?
L'année prochaine, nous voyagerons au Brésil.

1. aller au Maroc
2. faire beau
3. avoir plus de temps libre
4. être gentille
5. appeler mes grands-parents
6. pouvoir venir
7. acheter un ordinateur
8. venir avec nous à la piscine
9. finir tout
10. voir mon oncle et ma tante

Please see the Answer Key on page 137.

Pratique orale 2 Vous allez entendre une série de questions. Répondez à ces questions. Commencez vos réponses par **si, quand** ou **dès que.** Utilisez les expressions dans votre cahier. Faites attention de bien utiliser le futur quand il le faut, et soyez logique! D'abord, écoutez le modèle.

▶ aller à la piscine

Qu'est-ce que nous ferons quand les cours seront finis?
Quand les cours seront finis, nous irons à la piscine.

1. se lever tard tous les jours
2. aller en voyage au Portugal
3. faire un pique-nique
4. aller au stade
5. prendre le train
6. acheter des jeans et des disques laser
7. rester à la maison
8. chercher un hôtel
9. composter son billet
10. envoyer des cartes postales à tous ses amis

Please see the Answer Key on page 137.

Pratique orale 3 Vous allez entendre une série de phrases concernant plusieurs personnes. Dites ce qui se passerait si leur situation était différente. Utilisez les expressions dans votre cahier. D'abord, écoutez le modèle.

▶ aller au Sénégal

Cette année, Marc n'a pas de vacances.
S'il avait des vacances, il irait au Sénégal.

1. acheter une voiture neuve
2. réussir à ses examens
3. faire plus de sport
4. aller au stade avec ses amis
5. partir à la campagne pour quelques jours
6. être plus heureux
7. rater le train
8. ne pas avoir d'amende
9. sortir moins souvent
10. pouvoir faire des grands voyages

Please see the Answer Key on page 137.

Nom ______________________ Date ______________

Discovering FRENCH Nouveau!

ROUGE

Unité 5 Partie 2 Activités pour tous

PARTIE 2 Le français pratique

A

Activité 1 Un voyage Mettez les éléments du dialogue dans l'ordre, de **1** à **8**.

6 —Quel siège préférez-vous?

3 —Un aller-retour Paris-Nice.

4 —En quelle classe?

7 —Je voudrais une place près du couloir.

2 —Quelle sorte de billet désirez-vous?

5 —En classe économie.

1 —Je voudrais acheter un billet.

8 —Voici votre billet.

Activité 2 À l'aéroport Identifiez les éléments de l'aéroport.

1. le comptoir
2. les horaires
3. le contrôle de sécurité
4. la salle d'attente
5. la porte
6. le steward
7. le pilote
8. l'hôtesse de l'air

Activité 3 À la gare Complétez l'histoire.

Aujourd'hui, M. Legrand est allé prendre le train à la gare. Il s'est rendu au guichet pour demander les prix. L'employée lui a demandé s'il voulait un aller simple ou un aller-retour. Il a acheté son billet puis il l'a composté. Il était un peu en retard alors il s'est dépêché pour ne pas rater le train.

URB p. 41

B

Activité 1 Un voyage Complétez les phrases.

1. Je vais à l'agence acheter un billet. Je prends un aller-retour.
2. Mon vol n'est pas direct, il y a une escale à New York.
3. À l'aéroport, je vais au comptoir obtenir ma carte d'embarquement.
4. Je demande une place près du couloir parce que je me lève assez souvent.
5. J'enregistre une de mes valises et je garde l'autre avec moi.

Activité 2 À l'aéroport Mettez les éléments de l'histoire dans l'ordre, de **1** à **10.**

9 a. Je vais chercher mes bagages.
6 b. Nous décollons un peu en retard.
10 c. Je passe par la douane.
1 d. Je vais à la salle d'attente.
8 e. Nous débarquons dix minutes après.
5 f. J'attache ma ceinture de sécurité.
7 g. Nous atterrissons le matin.
3 h. Nous embarquons à l'heure.
2 i. Je me présente à la porte de départ.
4 j. Je mets mon bagage sous le siège.

Activité 3 À la gare Identifiez les éléments de la gare.

1. 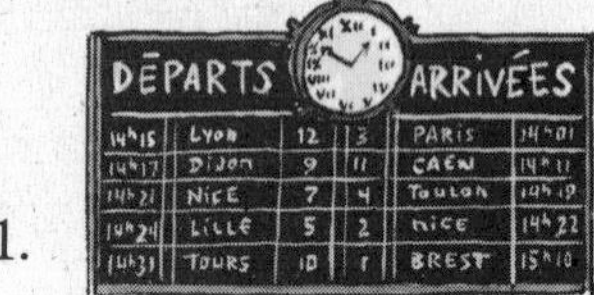

le tableau d'affichage

2. 

la consigne

3. 

les guichets

4. 

le composteur

5. 

un wagon

6. 

le quai

Nom _______________ Date _______________

C

Activité 1 À l'aéroport Répondez de manière logique. (sample answers)

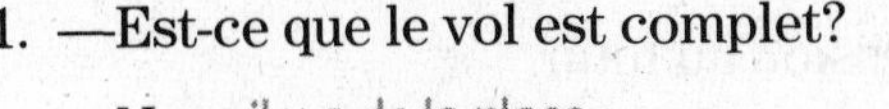

1. —Est-ce que le vol est complet?
   —Non, il y a de la place.
2. —Quelle sorte de billet désirez-vous?
   —Je voudrais un aller-retour.
3. —En quelle classe?
   —En classe économie.
4. —Quel siège préférez-vous?
   —Je préfère une place près du couloir.
5. —Est-ce que le vol est à l'heure?
   —Non, il est en retard.
6. —Est-ce que ce siège est libre?
   —Non, il est occupé.

Activité 2 Voyages en train Répondez aux questions en utilisant un pronom si possible. (sample answers)

1. D'habitude, aux États-Unis, qui est-ce qui composte les billets de train?
   Le contrôleur composte les billets.
2. En général, est-ce que vous prenez un aller simple ou un aller-retour?
   Je prends un aller-retour.
3. Si votre train part à dix heures, à quelle heure montez-vous dans le train?
   J'y monte à dix heures moins dix.
4. Est-ce que vous avez déjà raté le train?
   Non, je n'ai jamais raté le train.
5. Si vous ratiez le train, que feriez-vous?
   Si je le ratais, j'attendrais le prochain train.

Activité 3 Un voyage en avion Avec les éléments donnés, écrivez une lettre racontant un voyage en avion. (sample answers)

agence de voyages	**enregistrer**	**aller-retour**	**annulé**	**prendre**
Nice	**arriver**	**escale**	**vol**	**direct**
avant moi				
acheter	**autre vol**	**bagages**	**en retard**	**Paris**
complet				

Je suis allé(e) dans une agence de voyages acheter un aller-retour Paris-Nice. Les vols directs étaient complets, alors j'ai pris un vol avec une escale. J'ai enregistré mes bagages. D'abord, mon vol était en retard. Ensuite, il a été annulé. Finalement, j'ai pris un autre vol. Mes bagages sont arrivés à Nice avant moi!

URB p. 43

Langue et communication

A

Activité 1 Hier et demain Transformez chaque expression au futur.

1. je savais *je saurai*
2. je connaissais *je connaîtrai*
3. j'étais *je serai*
4. nous avions *nous aurons*
5. nous allions *nous irons*
6. vous étudiiez *vous étudierez*
7. vous jouiez *vous jouerez*
8. ils achetaient *ils achèteront*
9. ils comprenaient *ils comprendront*
10. elles lisaient *elles liront*

Activité 2 Une lettre Complétez la lettre de Nathalie en utilisant le présent de l'indicatif ou le futur, selon le cas.

arriver	être	aller	être	montrer	pouvoir	finir	repartir

Chère Aude,

Je pense que nous *arriverons* à Paris vers midi, le 7 décembre. Si nous *sommes* en retard, nous *irons* directement au restaurant. Quand nous *serons* chez toi, je te *montrerai* enfin les photos de mon voyage au Sénégal. Nous ne *pourrons* pas rester longtemps. Dès que je *finirai* mon reportage, nous *repartirons*.

On t'embrasse.

Nathalie

Activité 3 Si j'habitais en France . . . Complétez les phrases à l'aide du conditionnel.

1. Je *prendrais* du ______, de la ______ et du café au lait, le matin.
2. J'*irais* dans une ______ française.
3. Ma famille et moi, nous *parlerions* ______ tous français.
4. Nous *voyagerions* ______ beaucoup en Europe.
5. Nous *mangerions* ______ beaucoup de bon ______.

B

Activité 1 Aujourd'hui et demain La journée de Daniel sera un peu différente demain. Complétez les phrases au futur.

	Aujourd'hui	Demain
1.	Je me suis levé à 7h30.	Je me lèverai ________ à 7h.
2.	Je suis allé à l'école à 8h.	J'irai ________ à 7h45.
3.	Nous avons joué au foot à midi.	Nous jouerons ________ l'après-midi.
4.	Mes amis ont vu un film à 19h.	Ils le verront ________ à 18h.
5.	J'ai dîné à 20h.	Je dînerai ________ à 20h30.

Activité 2 La vie quotidienne Complétez les phrases en utilisant le futur ou le présent, selon le cas.

1. —Nous devrions partir maintenant.
   —Mais si nous partons ________ maintenant, nous arriverons en avance.
2. —Est-ce que vous irez au centre commercial, cet après-midi?
   —Oui. Quand nous irons ________ là-bas, nous achèterons ________ des CD.
3. —Pouvez-vous me réserver une place quand vous arriverez?
   —D'accord. Dès que nous arriverons ________, nous te réserverons ________ une place.
4. —Je pensais venir chez toi, demain.
   —Super. Quand tu viendras ________, je te montrerai ________ mes photos de vacances.

Activité 3 Les souhaits de Bertrand Complétez les phrases, puis transformez-les au conditionnel.

1. S'il fait [soleil], j'irai ____ à la [plage]. — S'il faisait beau, j'irais à la plage.
2. Si j'ai de l'[1000€], j'achèterai ____ une [guitare]. — Si j'avais de l'argent, j'achèterais une guitare.
3. Si nous allons en [France], nous verrons ____ la [tour Eiffel]. — Si nous allions en France, nous verrions la tour Eiffel.
4. Si j'apprends à [danser], ma [copine] sera ____ contente. — Si j'apprenais à danser, ma copine serait contente.

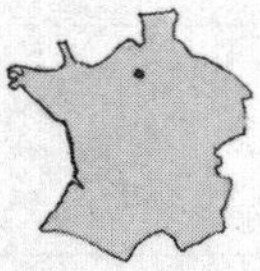

URB p. 45

Nom ______________________ Date ______________

C

Activité 1 Résolutions de nouvel an Yolande fait ses résolutions de nouvel an. Transformez ses phrases en utilisant le futur.

L'année dernière	Cette année
1. Je n'ai pas appris l'anglais.	J'apprendrai l'anglais.
2. Je ne suis pas devenue forte en maths.	Je deviendrai forte en maths.
3. Nous ne sommes pas allés au Canada.	Nous irons au Canada.
4. Je n'ai pas fait beaucoup de sport.	Je ferai beaucoup de sport.
5. Mes cousins ne sont pas venus chez moi.	Mes cousins viendront chez moi.

Activité 2 Conditions Complétez les phrases à l'aide du présent, de l'imparfait, du conditionnel ou du futur, selon le cas.

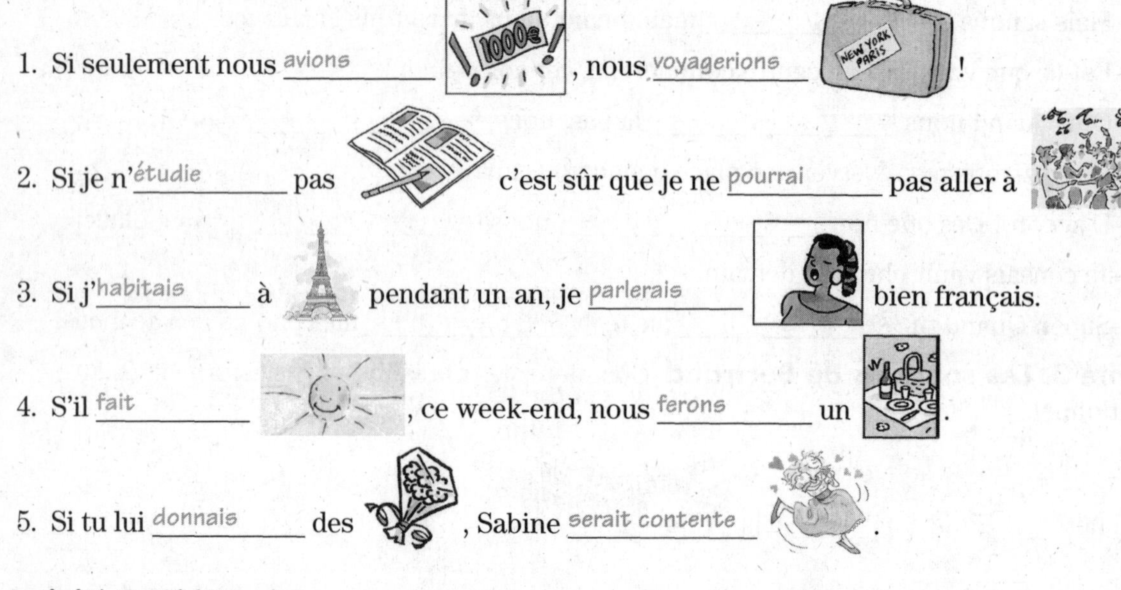

1. Si seulement nous avions ______, nous voyagerions ______ !
2. Si je n'étudie ______ pas ______ c'est sûr que je ne pourrai ______ pas aller à ______.
3. Si j'habitais ______ à ______ pendant un an, je parlerais ______ bien français.
4. S'il fait ______ ______, ce week-end, nous ferons ______ un ______.
5. Si tu lui donnais ______ des ______, Sabine serait contente ______.

Activité 3 Si j'avais . . . Faites des phrases au conditionnel. (sample answers)

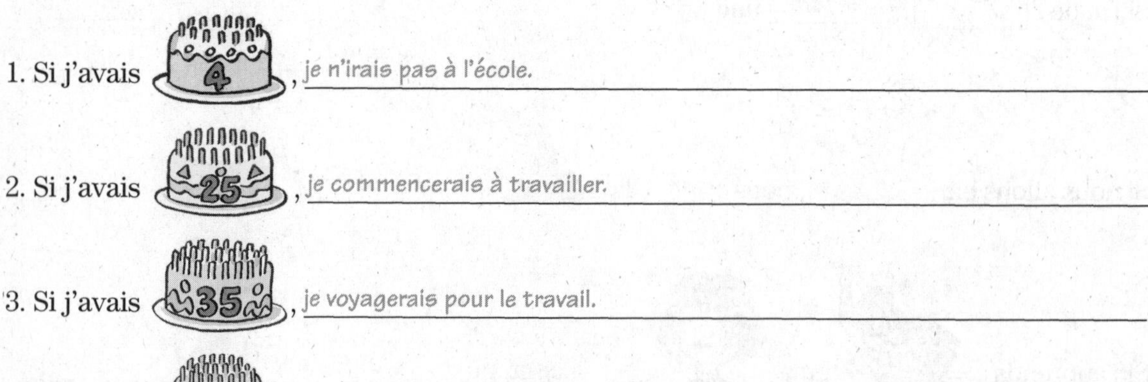

1. Si j'avais ______, je n'irais pas à l'école.
2. Si j'avais ______, je commencerais à travailler.
3. Si j'avais ______, je voyagerais pour le travail.
4. Si j'avais ______, j'aurais des petits-enfants.

URB p. 46

PARTIE 2 page 194

Objectives

Communication Functions and Contexts
To be able to make travel arrangements and purchase tickets
To be able to travel by plane and by train

Linguistic Goals
To use the future tense to talk about future events
To use ***si*** and ***quand*** to talk about conditions
To use the conditional to hypothesize about what one would do

Reading and Cultural Objectives
To learn why the train is the most popular means of transportation in France
To learn how the Eurotunnel has linked Great Britain and the rest of Europe
To read for information and pleasure
To read illustrated fiction: *Le mystérieux homme en bleu*

Motivation and Focus

- ❑ *INFO Magazine:* Preview pages 194–195 using the TEACHING STRATEGY, TE page 194. Have students scan the articles, prepare a question about each, and ask their questions for the class to answer. Share the NOTES CULTURELLES (TE pages 194 and 195) and do the INTERDISCIPLINARY CONNECTION (TE page 194). Do the *Et vous?* and *Questions* on pages 194 and 195. Use the TEACHING STRATEGY: CHALLENGE, TE page 195, to compare French and American transportation systems.

Presentation and Explanation

- ❑ *Le français pratique (Partons en voyage):* Introduce buying tickets and getting information, pages 196–198. Model the expressions for students to repeat. Use **Overhead Transparencies** 36, 37, and 38. Read the *Note culturelle*, page 198. Share information in the NOTES CULTURELLES, TE pages 196 and 198.
- ❑ *Langue et communication (Le futur):* Present the future tense, page 201. Explain how it is formed and have students study the irregular future stems. Use **Overhead Transparency** 13 to guide students to talk about vacation plans using the future tense.
- ❑ *Langue et communication (L'usage du futur dans les phrases avec* ***si****; L'usage du futur après* ***quand****):* Model and have students repeat the examples of clauses with ***si*** and ***quand*** on page 204. Present the use of the future tense in the resultant clause. Introduce conjunctions of time with the *Vocabulaire* box on page 204. Explain the information in the TEACHING STRATEGY: EXPANSIONS LINGUISTIQUES on TE page 204.
- ❑ *Langue et communication (Le conditionnel):* Do the WARM-UP suggestion on TE page 206. Present the conditional on page 207 using the TEACHING NOTES in the TE margin. Explain use and formation. Model the examples for students to repeat. Have students create sentences with ***si*** clauses to complete the WARM-UP activity.

Guided Practice and Checking Understanding

- ❑ Use **Overhead Transparencies** 36 and 37 with the Goal 1 activities on pages A75 and A78, or the TEACHING STRATEGY on TE page 197, to practice dialogues about buying tickets and getting travel information.
- ❑ Check listening skills with the **Audio,** CD 5, Tracks 8–15, or **Audioscript** pages 63–67, as students complete the activities on pages 136–138 of the **Workbook.**

Independent Practice

- ❑ *Pair activities:* Model the activities on pages 199–207. Do 1–6 (pages 199–200) and 1–4, 7, 9, and 12 (pages 202–207). Have students check their work in the **Student Text Answer Key,** pages 131–135.
- ❑ *Homework:* Assign activities 5 (page 203), 6 and 8 (page 205), and 10–11 (page 206).
- ❑ Students can do the additional activities on **Teacher to Teacher** pages 58–68.
- ❑ Have students do the activities in ***Activités pour tous,*** pages 87–92.

Monitoring and Adjusting

- ❑ Have students complete the writing activities on pages 58–62 of the **Workbook.**
- ❑ As students work on the practice activities, check use of the future, the conditional, and travel vocabulary. Refer to pages 196–207 as needed. Use the appropriate TEACHING STRATEGIES on TE pages 199–200 and 204–205.

Assessment

- ❑ Use the quiz for *INFO Magazine* in **Reading and Culture Tests and Quizzes,** page 90. Assess understanding of *Partie 2* by administering the corresponding **Lesson Quiz,** from pages 68–72.
- ❑ Use **Unit Test 5,** pages 85–88 after completing the unit. Choose any of the following **Performance Tests: Listening Comprehension Performance,** pages 102–105, **Speaking Performance,** pages 106–107, and **Writing Performance,** pages 108–111.

Reteaching

- ❑ Review tenses with *Pratique* activities on pages 57 and 60–61 of the **Workbook.**
- ❑ Use TEACHING STRATEGIES and ADDITIONAL SITUATIONS for reteaching: TE page 197, transportation vocabulary; TE page 200, asking for information or assistance; TE page 205, talking about circumstances; TE page 206, future; TE page 207, conditional.

Extension and Enrichment

- ❑ Play the games (TE pages 198 and 201) to practice travel vocabulary and future tense.
- ❑ Discuss the symbols on page 198 using the TEACHING STRATEGY on TE page 199.
- ❑ Students can read the mystery story in *Lecture: Le mistérieux homme en bleu,* pages 210–214, or any or all of *Interlude culturel 5,* pages 216–225, for enjoyment or enrichment.

Summary and Closure

- ❑ Show **Overhead Transparency** 38 and use the second Goal 1 activity on page A80 to have students discuss future travel plans. Have other students summarize the communicative and linguistic goals demonstrated.
- ❑ *Lecture (Le mistérieux homme en bleu):* Discuss *Avant de lire,* page 208. Use the TEACHING STRATEGY, TE page 209, to make predictions about the story. Read pages 210–214 in pairs, stopping to answer all *Avez-vous compris?*, *À votre avis,* and *Et vous?*. Share NOTES CULTURELLES and NOTES LINGUISTIQUES, TE pages 208–214. Help students summarize the story using **Overhead Transparency** L5. Do the TEACHING STRATEGIES: EXPANSIONS on TE page 215 to review the story. Use the quiz in **Reading and Culture Tests and Quizzes,** pages 91–92. Choose any of the oral and written *Après la lecture* activities on page 215.
- ❑ Use any of the STUDENT PORTFOLIOS suggestions on TE pages 203, 206, and 215 for assessment of students' Oral and Written Portfolios.

Discovering FRENCH *Nouveau!*

ROUGE

INTERLUDE CULTUREL 5 Les grands moments de l'histoire de France (1715–1870), page 216

Objectives

Reading Objectives To read for content: information about the historical foundation of modern France
To read about the Declaration of the Rights of Man and the French national anthem, *La Marseillaise*
To read a summary of *Les Misérables* by Victor Hugo

Cultural Objectives To learn about the French Revolution and Napoleonic era and important people: Marie-Antoinette, Louis XVI, Napoléon
To learn about French institutions that developed after the revolution: la fête nationale, le drapeau, Marianne, le musée du Louvre, les départements français, le système monétaire, le système métrique, l'armée nationale, l'hymne national
To learn about the French romantic writer and politician Victor Hugo

Note: The *Interlude culturel* contains historical background information about the French Revolution and cultural information about French institutions that developed afterwards. The material can be taught as a lesson or introduced in smaller sections as parts of other lessons. The selections can be used to expand cultural awareness, to develop reading skills, to build cultural knowledge, or as resource material for student research projects.

Motivation and Focus

- ❑ As students preview the pictures, maps, titles, and subtitles on pages 216–225, invite them to share information they may know about the people, places, and events pictured.Discuss the historical periods on the time line, page 216. What events and rulers are on the time line? What was happening in America during this same period?

Presentation and Explanation

- ❑ Preview orally the information on pages 216–217 using **Overhead Transparencies** H3, 1, 1(o), 5, and 5(o). Students can read the pages. Guide students' reading of the text. Share the NOTES HISTORIQUES and PHOTO NOTE on TE pages 216–217. Have students compare the map of Europe on page 217 to **Overhead Transparencies** 5 and 5(o). What differences do they see? What borders are different? Which places were separate countries in the 19th century but are now parts of another country? Which places have become separate countries since the 19th century?
- ❑ Together, read the introductory material about *L'héritage de la Révolution*, page 218. Divide into small groups, with each group reading one or two of the selections on pages 218–221 that describe the French institutions that developed after the revolution. Later, groups can share information that they learned about the French institutions they read about. Share additional information from the NOTES CULTURELLES, ADDITIONAL INFORMATION, and NOTE HISTORIQUE on TE pages 218–221.
- ❑ Have students read pages 222–223 to find out the history of the French national anthem, *La Marseillaise.* Guide students to summarize the information, using the time line on page 216 and the map on page 222. Explain the NOTES LINGUISTIQUES in the margins of TE pages 222–223. Use the TEACHING STRATEGIES to discuss students' opinions on changing national

anthems, and to compare and contrast the French and American national anthems. Share the NOTE CULTURELLE, TE page 223.

- ❑ Use the pictures on pages 224–225 to preview Victor Hugo and *Les Misérables.* If possible, play portions of a recording of the musical. Read and discuss the selection. Share the information in the NOTES CULTURELLES and NOTE HISTORIQUE, TE pages 224–225. You may want to explain the ADDITIONAL INFORMATION on TE page 224.

Guided Practice and Checking Understanding

- ❑ Check understanding of the readings by asking students to do a short oral summary of each section. Guide other students to add more information to the summaries.

Independent Practice

- ❑ Students can reread the selections independently. Ask them to choose their favorite section of the *Interlude culturel* and write a short paragraph explaining why they like this section.

Monitoring and Adjusting

- ❑ Refer back to the time line on page 216 after reading each of the selections and ask students to find the section on the time line for the events and people mentioned. Guide discussion of how the events and people were affected by or affected the historical time periods.

Assessment

- ❑ Use **Reading and Culture Tests and Quizzes** for *Interlude culturel 5*, pages 93–101, to assess students' understanding of the information in this section.

Reteaching

- ❑ Have students review any sections that they found difficult. Provide background knowledge and vocabulary explanations to help them understand the readings.

Extension and Enrichment

- ❑ Students may wish to do further research on the people, events, and institutions mentioned in the *Interlude.*
- ❑ For expansion activities, direct students to www.classzone.com.

Summary and Closure

- ❑ Students can present the results of their interdisciplinary projects or other research projects they have done for the *Interlude.* As they share their information, help them summarize what they have learned about French history.

PARTIE 2 page 82

Block scheduling (4 days to complete, including Unit Test)

Objectives

Communication Functions and Contexts	To be able to make travel arrangements and purchase tickets To be able to travel by plane and by train
Linguistic Goals	To use the future tense to talk about future events To use ***si*** and ***quand*** to talk about conditions To use the conditional to hypothesize about what one would do
Reading and Cultural Objectives	To learn why the train is the most popular means of transportation in France To learn how the Eurotunnel has linked Great Britain and the rest of Europe To read for information and pleasure To read illustrated fiction: *Le mystérieux homme en bleu*

Block Schedule

FunBreak Have students form groups of 3–4. Each group either brings in a model airplane or draws an illustration of one. Give groups about 10–15 minutes to find the French words for as many parts and areas of the airplane (internal and external) as possible. Groups present the vocabulary they have found and make a list on the board. The group with the longest, most accurate list wins. ■

DAY 1

Motivation and Focus

- ❑ *INFO Magazine:* Preview pages 194–195 using the TEACHING STRATEGY, TE page 194. Have students scan the articles, prepare a question about each, and ask their questions for the class to answer. Share the NOTES CULTURELLES (TE pages 194 and 195) and do the INTERDISCIPLINARY CONNECTION (TE page 194). Do the *Et vous?* and *Questions* on pages 194 and 195. Use the TEACHING STRATEGY: CHALLENGE, TE page 195, to compare French and American transportation systems.

Presentation and Explanation

- ❑ *Le français pratique (Partons en voyage):* Introduce buying tickets and getting information, pages 196–198. Model the expressions for students to repeat. Use **Overhead Transparencies** 36, 37, and 38. Read the *Note culturelle*, page 198. Share information in the NOTES CULTURELLES, TE pages 196 and 198.
- ❑ *Langue et communication (Le futur):* Present the future tense, page 201. Explain how it is formed and have students study the irregular future stems. Use **Overhead Transparency** 13 to guide students to talk about vacation plans in the future.

Guided Practice and Checking Understanding

- ❑ Use **Overhead Transparencies** 36 and 37 with the Goal 1 activities on pages A75 and A78, or the TEACHING STRATEGY on TE page 197, to practice dialogues about buying tickets and getting travel information.

- ❑ Check listening skills with the **Audio,** CD 5, Tracks 8–13, or **Audioscript** pages 63–66, as students complete activities 1–5 (*le français pratique*—pages 136–137) and *Pratique orale* 1 (*langue et communication*—page 138) of the **Workbook.**

Independent Practice

- ❑ *Pair activities:* Model the activities on pages 199–203. Do 1–6 (pages 199–200) and 1–4 (pages 202–203). Have students check their work in the **Student Text Answer Key,** pages 131–135.
- ❑ *Homework:* Assign activity 5 (page 203).
- ❑ Students can do the additional activities on **Teacher to Teacher** pages 58–64.

Day 2

Presentation and Explanation

- ❑ *Langue et communication (L'usage du futur dans les phrases avec **si**; L'usage du futur après **quand**):* Model and have students repeat the examples of clauses with ***si*** and ***quand*** on page 204. Present the use of the future tense in the resultant clause. Introduce conjunctions of time with the *Vocabulaire* box on page 204. Explain the information in the TEACHING STRATEGY: EXPANSIONS LINGUISTIQUES on TE page 204.
- ❑ *Langue et communication (Le conditionnel):* Do the WARM-UP suggestion on TE page 206. Present the conditional on page 207 using the TEACHING NOTES in the TE margin. Explain use and formation. Model the examples for students to repeat. Have students create sentences with ***si*** clauses to complete the WARM-UP activity.

Guided Practice and Checking Understanding

- ❑ Check listening skills with the **Audio,** CD 5, Tracks 14 and 15, or **Audioscript** pages 66–67, as students complete *Pratique orale* 2–3 (*langue et communication*—page 138) of the **Workbook.**

Independent Practice

- ❑ *Pair activities:* Model the activities on pages 205–207. Do 7, 9, and 12. Have students check their work in the **Student Text Answer Key,** pages 131–135.
- ❑ *Homework:* Assign activities 6 and 8 (page 205), and 10–11 (page 206).
- ❑ Students can do the additional activities on **Teacher to Teacher** pages 65–68.
- ❑ Have students do the activities in ***Activités pour tous,*** pages 87–92.

Monitoring and Adjusting

- ❑ Have students complete the writing activities on pages 58–62 of the **Workbook.**
- ❑ As students work on the practice activities, check use of the future, the conditional, and travel vocabulary. Refer to pages 196–207 as needed. Use the appropriate TEACHING STRATEGIES on TE pages 199–200 and 204–205.

Day 3

Reteaching (as needed)

- ❑ Review tenses with *Pratique* activities on pages 57 and 60–61 of the **Workbook.**

Extension and Enrichment (as desired)

- ❑ Use Block Scheduling Copymasters, pages 81 to 88.
- ❑ Play the games (TE pages 198 and 201) to practice travel vocabulary and future tense.
- ❑ Discuss the symbols on page 198 using the TEACHING STRATEGY on TE page 199.
- ❑ For expansion activities, direct students to www.classzone.com.
- ❑ Students can read the mystery story in *Lecture: Le mystérieux homme en bleu*, pages 210–214, or any or all of *Interlude culturel 5*, pages 216–225, for enjoyment or enrichment.
- ❑ Have students do the **Block Schedule Activity** at the top of page 51 of these lesson plans.

Summary and Closure

- ❑ Show **Overhead Transparency** 38 and use the second Goal 1 activity on page A80 to have students discuss future travel plans. Have other students summarize the communicative and linguistic goals demonstrated.
- ❑ *Lecture (Le mystérieux homme en bleu):* Discuss *Avant de lire*, page 208. Use the TEACHING STRATEGY, TE page 209, to make predictions about the story. Read pages 210–214 in pairs, stopping to answer all *Avez-vous compris?*, *À votre avis,* and *Et vous?*. Share NOTES CULTURELLES and NOTES LINGUISTIQUES, TE pages 208–214. Help students summarize the story using **Overhead Transparency** L5. Do the TEACHING STRATEGIES: EXPANSIONS on TE page 215 to review the story. Use the quiz in **Reading and Culture Tests and Quizzes,** pages 91–92. Choose any of the oral and written *Après la lecture* activities on page 215.
- ❑ Use any of the STUDENT PORTFOLIOS suggestions on TE pages 203, 206, and 215 for assessment of students' Oral and Written Portfolios.

Assessment

- ❑ Use the quiz for *INFO Magazine* in **Reading and Culture Tests and Quizzes,** page 90. Assess understanding of *Partie 2* by administering the corresponding **Lesson Quiz,** from pages 68–72.

Day 4

Reteaching (as needed)

- ❑ Use TEACHING STRATEGIES and ADDITIONAL SITUATIONS for reteaching: TE page 197, transportation vocabulary; TE page 200, asking for information or assistance; TE page 205, talking about circumstances; TE page 206, future; TE page 207, conditional.

Assessment

- ❑ Use **Unit Test 5,** pages 85–88 after completing the unit. Choose any of the following **Performance Tests: Listening Comprehension Performance,** pages 102–105, **Speaking Performance,** pages 106–107, and **Writing Performance,** pages 108–111.

INTERLUDE CULTUREL 5 Les grands moments de l'histoire de France (1715-1870), page 216

Block scheduling (2 days to complete—optional)

Objectives

Reading Objectives To read for content: information about the historical foundation of modern France
To read about the Declaration of the Rights of Man and the French national anthem, *La Marseillaise*
To read a summary of *Les Misérables* by Victor Hugo

Cultural Objectives To learn about the French Revolution and Napoleonic era and important people: Marie-Antoinette, Louis XVI, Napoléon
To learn about French institutions that developed after the revolution: la fête nationale, le drapeau, Marianne, le musée du Louvre, les départements français, le système monétaire, le système métrique, l'armée nationale, l'hymne national
To learn about the French romantic writer and politician Victor Hugo

Note: The *Interlude culturel* contains historical background information about the French Revolution and cultural information about French institutions that developed afterwards. The material can be taught as a lesson or introduced in smaller sections as parts of other lessons. The selections can be used to expand cultural awareness, to develop reading skills, to build cultural knowledge, or as resource material for student research projects.

Day 1

Motivation and Focus

- ❑ As students preview the pictures, maps, titles, and subtitles on pages 216–225, invite them to share information they may know about the people, places, and events pictured. Discuss the historical periods on the time line, page 216. What events and rulers are on the time line? What was happening in America during this same period?

Presentation and Explanation

- ❑ Preview orally the information on pages 216–217 using **Overhead Transparencies** H3, 1, 1(o), 5, and 5(o). Students can read the pages. Guide students' reading of the text. Share the NOTES HISTORIQUES and PHOTO NOTE on TE pages 216–217. Have students compare the map of Europe on page 217 to **Overhead Transparencies** 5 and 5(o). What differences do they see? What borders are different? Which places were separate countries in the 19th century but are now parts of another country? Which places have become separate countries since the 19th century?
- ❑ Together, read the introductory material about *L'héritage de la Révolution*, page 218. Divide into small groups, with each group reading one or two of the selections on pages 218–221 that describe the French institutions that developed after the revolution. Later, groups can share information that they learned about the French institutions they read about. Share additional information from the NOTES CULTURELLES, ADDITIONAL INFORMATION, and NOTE HISTORIQUE on TE pages 218–221.

Guided Practice and Checking Understanding

- ❑ Check understanding of the readings by asking students to do a short oral summary of each section. Guide other students to add more information to the summaries.

Day 2

Motivation and Focus

- ❑ Use the suggestions in TEACHING STRATEGIES, TE page 216.

Presentation and Explanation

- ❑ Have students read pages 222–223 to find out the history of the French national anthem, *La Marseillaise.* Guide students to summarize the information, using the time line on page 216 and the map on page 222. Explain the NOTES LINGUISTIQUES in the margins of TE pages 222–223. Use the TEACHING STRATEGIES to discuss students' opinions on changing national anthems, and to compare and contrast the French and American national anthems. Share the NOTE CULTURELLE, TE page 223.
- ❑ Use the pictures on pages 224–225 to preview Victor Hugo and *Les Misérables*. If possible, play portions of a recording of the musical. Read and discuss the selection. Share the information in the NOTES CULTURELLES and NOTE HISTORIQUE, TE pages 224–225. You may want to explain the ADDITIONAL INFORMATION on TE page 224.

Independent Practice

- ❑ Students can reread the selections independently. Ask them to choose their favorite section of the *Interlude culturel* and write a short paragraph explaining why they like this section.

Monitoring and Adjusting

- ❑ Refer back to the time line on page 216 after reading each of the selections and ask students to find the section on the time line for the events and people mentioned. Guide discussion of how the events and people were affected by or affected the historical time periods.

Reteaching (as required)

- ❑ Have students review any sections that they found difficult. Provide background knowledge and vocabulary explanations to help them understand the readings.

Extension and Enrichment (as desired)

- ❑ Students may wish to do further research on the people, events, and institutions mentioned in the *Interlude.*
- ❑ For expansion activities, direct students to www.classzone.com.

Summary and Closure

- ❑ Students can present the results of their interdisciplinary projects or other research projects they have done for the *Interlude.* As they share their information, help them summarize what they have learned about French history.

Assessment (optional)

- ❑ Use **Reading and Culture Tests and Quizzes** for *Interlude culturel 5*, pages 93–101, to assess students' understanding of the information in this section.

Nom ____

Classe ____________________________ Date ______________

PARTIE 2 Le français pratique: Partons en voyage, pages 194–200

Materials Checklist

- ❑ **Student Text**
- ❑ **Audio CD** 5, Tracks 8–12
- ❑ **Video** 5, *Vidéo-drame*
- ❑ **Workbook**

Steps to Follow

- ❑ Read *La France en train* in *INFO Magazine* in the text (p. 194). Do *Composition: une lettre* in *Et vous?* on page 194.
- ❑ Read *L'Eurotunnel* in *INFO Magazine* in the text (p. 195). Do *Composition: une lettre* in *Et vous?* on page 194.
- ❑ Study *Partons en voyage* in the text (pp. 196–198). Look at the illustrations for clues to the meaning of new words and expressions. Write new vocabulary and expressions on a separate sheet of paper. Check meanings. Say them aloud.
- ❑ Listen to **Audio** CD 5, Tracks 8–12. Do Listening/Speaking Activities 1–5 in the **Workbook** (pp. 136–137).
- ❑ Do Activities 1 and 2 in the text (p. 199). Underline all the steps that are the same for both flying and going by train. Circle the steps that are different.
- ❑ Do Activity 3 in the text (p. 199). Write the dialogue in complete sentences. Check spelling and accents. Read the dialogue aloud.
- ❑ Do Activity 5 in the text (p. 200). Add at least two reasons to the ones listed in the text.
- ❑ Watch **Video** 5, *Vidéo-drame*. Pause and replay if necessary.

If You Don't Understand . . .

- ❑ Listen to the **CD** in a quiet place. Try to stay focused. If you get lost, stop the **CD**. Replay it and find your place.
- ❑ Watch the **Video** or **DVD** in a quiet place. Try to stay focused. If you get lost, stop the **Video** or **DVD**. Replay it and find your place.
- ❑ Read the activity directions carefully. Say them or write them in your own words.
- ❑ Read your answers aloud. Check spelling and accents.
- ❑ On a separate sheet of paper, copy new words and expressions. Learn their meanings.
- ❑ Write down any questions so that you can ask your partner or your teacher later.

Self Check

Soulignez le mot ou l'expression qui n'appartient pas au groupe. Suivez le modèle.

▶ louer une voiture / composter un billet / monter dans le train
<u>louer une voiture</u>

1. un aller simple / un aller et retour / section non-fumeur
2. carte d'embarquement / décoller / monter dans le train
3. première classe / ceinture de sécurité / classe d'affaires
4. décoller / réserver une place / atterrir
5. confirmer la réservation / enregistrer les bagages / aller chercher les bagages

Answers

1. section non-fumeur 2. monter dans le train 3. ceinture de sécurité 4. réserver une place
5. confirmer la réservation

A. Le futur, pages 201–203

Materials Checklist

- ❑ **Student Text**
- ❑ **Audio CD** 5, Track 13
- ❑ **Video** 5, *Vidéo-drame*
- ❑ **Workbook**

Steps to Follow

- ❑ Study *Le futur* in the text (p. 201). How is the future stem formed? How does the future stem end? Copy the chart of the irregular future stems and memorize it.
- ❑ Listen to **Audio** CD 5, Track 13. Do Listening/Speaking Activity *Pratique orale 1* in the **Workbook** (p. 138).
- ❑ Do Activity 1 in the text (p. 202). Write the dialogue in complete sentences. Underline the future stem in each verb. Circle the future ending. Read the answers aloud.
- ❑ Do Activity 2 in the text (p. 202). Check the stem and ending of each verb.
- ❑ Do Activities 3 and 4 in the text (pp. 202–203). Check the verbs. Verify future stems and endings. Underline the verb in each question. Read the questions and answers aloud.
- ❑ Do Writing Activity A1 in the **Workbook** (p. 58).
- ❑ Watch **Video** 5, *Vidéo-drame*. Pause and replay if necessary.

If You Don't Understand . . .

- ❑ Listen to the **CD** in a quiet place. Try to stay focused. If you get lost, stop the **CD** and find your place.
- ❑ Watch the **Video** or the **DVD** in a quiet place. Try to stay focused. If you get lost, stop the **Video** or **DVD**. Replay it and find your place.
- ❑ Read the activity directions carefully. Say them or write them in your own words.
- ❑ Read your answers aloud. Check spelling and accents.
- ❑ When you write a sentence, ask yourself, "What do I mean? What am I trying to say?"
- ❑ On a separate sheet of paper, write down the words that are new. Learn their meanings.
- ❑ Write down any questions so that you can ask your partner or your teacher later.

Self Check

Répondez aux questions suivantes avec le futur du verbe entre parenthèses.

▶ Est-ce que vous allez en France cet été? (oui / nous / aller)
Oui, nous irons en France cet été.

1. Est-ce que tu fais quelque chose ce week-end? (non / je / faire)
2. Est-ce vous travaillez samedi? (non / je / travailler)
3. Est-ce qu'elle est libre dimanche? (non / elle / être)
4. Est-ce qu'ils dînent avec nous ce soir? (oui / ils / dîner)
5. Pouvez-vous nous accompagner cet après-midi? (oui / nous / pouvoir)

Answers

1. Non, je ne ferai rien ce week-end. 2. Non, je ne travaillerai pas samedi. 3. Non, elle ne sera pas libre dimanche. 4. Oui, ils dîneront avec nous ce soir. 5. Oui, nous pourrons vous accompagner cet après-midi.

Nom ____

Classe ______________________ Date ______________________

Discovering FRENCH Nouveau!

ROUGE

B. L'usage du futur dans les phrases avec si, page 204

C. L'usage du futur après quand, pages 204–205

Materials Checklist

- ❑ **Student Text**
- ❑ **Audio CD** 5, Track 14
- ❑ **Video** 5, *Vidéo-drame*
- ❑ **Workbook**

Steps to Follow

- ❑ Study *L'usage du future dans les phrases avec* ***si*** in the text (p. 204). Copy the model sentences. Underline the verb in the present tense (in the **si**-clause). Circle the verb in the future (in the result clause). Read the model sentences aloud.
- ❑ Study *L'usage du futur après* ***quand*** in the text (p. 204). Copy the model sentences. Underline the verb in the **quand**-clause and circle the verb in the result clause.
- ❑ Listen to **Audio** CD 5, Track 14. Do Listening/Speaking Activity *Pratique orale 2* in the **Workbook** (p. 138).
- ❑ Do Activities 6 and 7 in the text (p. 205). Underline the verb in the **si**-clause. Circle the verb in the result clause. Read your answers aloud.
- ❑ Do Activity 8 in the text (p. 205). Write complete sentences. Check spelling and accents. Check the verb tense in both the **quand**-clause and the result clause.
- ❑ Do Activity 9 in the text (p. 206). Write both parts of each dialogue.
- ❑ Do Activity 10 in the text (p. 206). Write the verbs on a separate sheet. Do Writing Activities B1 and C2–C3 in the **Workbook** (pp. 58–60).
- ❑ Watch **Video** 5, *Vidéo-drame*. Pause and replay if necessary.

If You Don't Understand . . .

- ❑ Listen to the **CD** in a quiet place. Try to stay focused. If you get lost, stop the **CD** and find your place.
- ❑ Watch the **Video** or **DVD** in a quiet place. Try to stay focused. If you get lost, stop the **Video** or **DVD**. Replay it and find your place.
- ❑ Read the activity directions carefully. Say them or write them in your own words.
- ❑ Read your answers aloud. Check spelling and accents.
- ❑ On a separate sheet of paper, write down the words that are new. Learn their meanings.
- ❑ Write down any questions so that you can ask your partner or your teacher later.

Self Check

Écrivez des phrases selon les indications suivantes. Suivez le modèle.

▶ si / je / prendre / le train / je / être / à l'heure
Si je prends le train, je serai à l'heure.

1. si / elle / pouvoir / elle / venir / à la boum
2. quand / nous / être / en vacances / nous / s'amuser / beaucoup
3. si / vous / faire / attention / vous / réussir à / l'examen
4. si / ils / se reposer / cet après-midi / ils / sortir / ce soir

Answers

1. Si elle le peut, elle viendra à la boum. 2. Quand nous serons en vacances, nous nous amuserons beaucoup. 3. Si vous faites attention, vous réussirez à l'examen. 4. S'ils se reposent cet après-midi, ils sortiront ce soir.

Nom ______________________________

Classe ______________________ Date ______________

Discovering FRENCH *Nouveau!*

ROUGE

D. Le conditionnel, page 207

Materials Checklist

- ❑ **Student Text**
- ❑ **Audio CD** 5, Track 15
- ❑ **Video** 5, *Vidéo-drame*
- ❑ Workbook

Steps to Follow

- ❑ Study *Le conditionnel* in the text (p. 207). How is the conditional formed? Do verbs that have irregular future stems keep these stems in the conditional?
- ❑ Listen to **Audio** CD 5, Track 15. Do Listening/Speaking Activity *Pratique orale 3* in the **Workbook** (p. 138).
- ❑ Do Activity 12 in the text (p. 207). Underline the future stem in each verb. Circle the conditional ending. Read the answers aloud.
- ❑ Do *Pratique* and Activity 1 in Writing Activities in the **Workbook** (pp. 60–61).
- ❑ Watch **Video** 5, *Vidéo-drame*. Pause and replay if necessary.

If You Don't Understand . . .

- ❑ Listen to the **CD** in a quiet place. Try to stay focused. If you get lost, stop the **CD** and find your place.
- ❑ Watch the **Video** or the **DVD** in a quiet place. Try to stay focused. If you get lost, stop the **Video** or **DVD**. Replay it and find your place.
- ❑ Read the activity directions carefully. Say them or write them in your own words.
- ❑ Read your answers aloud. Check spelling and accents.
- ❑ When you write a sentence, ask yourself, "What do I mean? What am I trying to say?"
- ❑ On a separate sheet of paper, write down the words that are new. Learn their meanings.
- ❑ Write down any questions so that you can ask your partner or your teacher later.

Self Check

Répondez aux questions suivantes avec le conditionnel du verbe entre parenthèses.

▶ Si c'était mardi, qu'est-ce que tu ferais? (je / aller au cinéma)
Si c'était mardi, j'irais au cinéma.

1. Si elle connaissait la route, où est-ce qu'elle irait? (elle / partir au Méxique)
2. Si vous pouviez dîner en ville, quel restaurant est-ce que vous choisiriez? (je / choisir l'Atlas)
3. S'ils savaient faire la cuisine, quel plat est-ce qu'ils prépareraient? (ils / faire des coquilles St-Jacques à la crème)
4. Si nous parlions français, quels pays visiterions-nous? (nous / visiter des pays francophones)
5. Si j'avais assez d'argent, est-ce que j'achèterais un château? (je / finir mes études)

Answers

1. Si elle connaissait la route, elle partirait au Méxique. 2. Si je pouvais dîner en ville, je choisirais l'Atlas. 3. S'ils savaient faire la cuisine, ils feraient des coquilles St-Jacques à la crème. 4. Si nous parlions français, nous visiterions des pays francophones. 5. Si j'avais assez d'argent, je finirais mes études.

Nom ______________________________

Classe ______________________ Date ______________

Discovering FRENCH Nouveau!

ROUGE

PARTIE 2

Interview a family member. Find out if a family member prefers to travel by plane or by train and if he or she prefers a seat by the window or the aisle.

- First, explain your assignment.
- Next, help the family member pronounce the vocabulary. Model the correct pronunciation as you point to each possible answer. Give any necessary English equivalents.
- Ask the questions, one by one: **Préfères-tu voyager en train ou en avion? Préfères-tu une place près de la fenêtre ou près du couloir?**
- When you have an answer, complete the sentence at the bottom of the page.

Je préfère . . .

voyager en train. **voyager en avion.**

Et je préfère . . .

une place près de la fenêtre. **une place près du couloir.**

______________________ préfère voyager ______________________ et

______________________ préfère une place ______________________.

Nom ______________________________

Classe ____________________ Date ____________

Le Temps

Interview a family member. Ask a family member what he or she would do if he or she had the time. Choose from among the following possibilities.

- First, explain your assignment.
- Next, help the family member correctly pronounce the possible answers. Give any necessary English equivalents.
- Ask the question, **Que ferais-tu si tu avais le temps?**
- When you have the answer, complete the sentence at the bottom of the page.

Si j'avais le temps . . .

je lirais beaucoup de livres.

je regar en dais beaucoup de films.

je ferais du sport.

je dormirais.

Si ______________________ avait le temps, ______________________

____.

PARTIE 2

Le français pratique: Partons en voyage

CD 5, Track 8

Activité 1. Compréhension orale, p. 196

Vous allez entendre une conversation entre deux amis, Luc et Jacques. Ensuite, vous allez écouter une série de phrases concernant cette conversation. D'abord, écoutez la conversation.

JACQUES: Alors, dis-moi, Luc, tout est prêt pour ton voyage en Chine?

LUC: Oh là là! Pas du tout! Je n'ai que des problèmes! Je suis allé ce matin à l'agence de voyage. Le vol que je voulais prendre est complet.

JACQUES: Même en première classe?

LUC: Je ne vais pas voyager en première classe! Déjà, en classe touriste, un vol pour la Chine, c'est très cher!

JACQUES: Tu peux prendre un autre vol, non?

LUC: Oui, bien sûr, mais pour les autres vols, il y a deux escales!

JACQUES: Ce n'est pas très grave! Tu as le temps: tu es en vacances!

LUC: Mais en plus, l'avion décolle à 7h30, et il faut être à l'aéroport deux heures avant!

JACQUES: Deux heures? Pourquoi?

LUC: Il faut le temps d'aller au comptoir pour obtenir la carte d'embarquement et enregistrer les bagages. Enregistrer les bagages, ça prend toujours longtemps!

JACQUES: Eh bien, pour une fois, tu vas te lever tôt! Je ne vois aucun problème dans tout ça . . . Je t'accompagnerai à l'aéroport, si tu veux. Quand est-ce que tu veux partir?

LUC: Dans dix jours, si c'est possible.

JACQUES: Eh bien, je pense que la première chose que tu dois faire, c'est aller demain matin à l'agence de voyage pour acheter ton billet!

Écoutez de nouveau la conversation.

Maintenant, écoutez bien chaque phrase et marquez dans votre cahier si elle est vraie ou fausse. Vous allez entendre chaque phrase deux fois.

1. Luc est allé à l'agence de voyage hier matin.
2. Il veut aller en Chine.
3. Il voulait prendre un vol direct.
4. Il y a de la place dans l'avion qu'il voulait prendre.
5. Pour les autres vols, il y a une escale.
6. Il faut arriver à l'aéroport à 5h30.
7. En général, il ne faut que quelques minutes pour enregistrer les bagages.
8. Jacques propose à Luc de voyager avec lui.
9. Luc veut partir dans dix jours.
10. Finalement, Jacques conseille à Luc d'acheter un billet en première classe.

Maintenant, vérifiez vos réponses. You should have marked **vrai** for items 2, 3, 6, and 9. You should have marked **faux** for items 1, 4, 5, 7, 8, and 10.

CD 5, Track 9

Activité 2. Réponses logiques

Vous allez entendre une série de questions. Pour chaque question, la réponse est incomplète. Dans votre cahier, marquez d'un cercle le mot ou l'expression qui complète la réponse le plus logiquement. D'abord, écoutez le modèle.

Modèle: Où vas-tu pour organiser ton voyage?
Je vais . . .

La réponse logique est **c: à l'agence de voyage.**

1. Qu'est-ce que tu vas faire à l'agence de voyage?
   Je vais acheter . . .

2. Comment est-ce que nous allons voyager?
   Nous allons voyager . . .
3. En quelle classe est-ce que tu préfères voyager?
   Je préfère voyager . . .
4. Quelle section vas-tu choisir?
   Je vais choisir la section . . .
5. Est-ce que les trains sont souvent en retard en France?
   Non, ils sont . . .
6. Est-ce que tu penses que le train est complet?
   Non, je suis sûr . . .
7. Où voudrais-tu t'asseoir dans le train?
   Je voudrais une place . . .
8. Avant de monter dans le train, qu'est-ce qu'il faut faire?
   Il faut . . .
9. Est-ce que Claire va partir en train aussi?
   Non, elle va voyager . . .
10. Elle voyage en première classe?
    Non, elle voyage . . .
11. Est-ce qu'il y a une escale?
    Non, je crois que . . .
12. Est-ce que Claire a déjà acheté son billet?
    Oui, mais elle doit . . .
13. À l'arrivée, est-ce qu'elle va prendre un taxi?
    Non, elle va . . .
14. Qu'est-ce qu'il faut faire pour ne pas rater l'avion?
    Il faut . . .
15. Qu'est ce qu'on fait avec les bagages?
    Il faut . . .

Maintenant, vérifiez vos réponses. You should have circled: 1-a, 2-b, 3-a, 4-b, 5-c, 6-c, 7-b, 8-c, 9-a, 10-b, 11-c, 12-a, 13-b, 14-a, 15-a.

CD 5, Track 10

Activité 3. Conversation

Vous allez entendre une conversation. Écoutez bien cette conversation, puis répondez aux questions posées. D'abord, écoutez la conversation.

Jean-Marc est dans le train pour Nice. Le contrôleur arrive.

LE CONTRÔLEUR: Monsieur, votre billet, s'il vous plaît.

JEAN-MARC: Tout de suite . . . Voilà!

LE CONTRÔLEUR: Excusez-moi, mais vous n'avez pas composté votre billet avant de monter dans le train.

JEAN-MARC: Ah, c'est vrai! J'étais en retard, j'avais peur de rater le train et j'ai oublié de composter mon billet!

LE CONTRÔLEUR: Vous avez aussi oublié de regarder dans quel wagon vous montiez! Vous êtes en première classe, Monsieur, avec un billet de deuxième classe!

JEAN-MARC: Mais j'ai réservé cette place!

LE CONTRÔLEUR: Oui, vous avez bien une réservation pour la place 42, près de la fenêtre, mais en deuxième classe. Regardez sur votre billet . . .

JEAN-MARC: Oui, oui . . . Vous avez raison . . .

LE CONTRÔLEUR: Je suis désolé, Monsieur, mais vous devez payer une amende.

JEAN-MARC: Ça, ce n'est pas possible! J'étais tellement pressé que j'ai aussi oublié mon portefeuille!

Écoutez de nouveau la conversation.

Maintenant, répondez oralement aux questions suivantes. Vous allez entendre chaque question deux fois.

1. Qu'est-ce que Jean-Marc a oublié de faire avant de monter dans le train? # Il a oublié de composter son billet.
2. Pourquoi est-ce qu'il n'a pas composté son billet? # Parce qu'il était en retard.
3. Quelle autre erreur est-ce qu'il a faite? # Il voyage en première classe avec un billet de deuxième classe.
4. En réalité, quelle place a réservée Jean-Marc? # Il a réservé la place 42, près de la fenêtre, en deuxième classe.

5. Pourquoi est-ce que Jean-Marc ne peut pas payer l'amende? # Parce qu'il a oublié son portefeuille.

CD 5, Track 11

Activité 4. Instructions

Vous allez entendre une conversation entre Élisabeth Lubin et un agent de voyage. Vous allez écouter cette conversation deux fois. Écoutez bien et complétez la fiche de réservation dans votre cahier.

Le 2 mai, Élisabeth Lubin entre dans l'agence de voyage «Mondiatour».

ÉLISABETH: Bonjour, monsieur.
L'AGENT DE VOYAGE: Bonjour, madame. Que désirez-vous?
ÉLISABETH: Je voudrais acheter des billets pour les États-Unis.
L'AGENT DE VOYAGE: Quand voulez-vous partir?
ÉLISABETH: Le 12 ou le 13 juillet.
L'AGENT DE VOYAGE: Quelle est votre destination?
ÉLISABETH: Boston. Je voudrais un vol direct.
L'AGENT DE VOYAGE: Un instant . . . Je regarde sur l'ordinateur . . . Vous voyagez seule?
ÉLISABETH: Non, je voyage avec mon mari.
L'AGENT DE VOYAGE: Le 12 juillet, tout est complet. Mais il y a encore des places pour le 13. Vous désirez voyager en section fumeur ou non-fumeur?
ÉLISABETH: Non-fumeur.
L'AGENT DE VOYAGE: Très bien. Je fais la réservation à quels noms?
ÉLISABETH: Élisabeth et Georges LUBIN. L-U-B-I-N.
L'AGENT DE VOYAGE: Alors c'est d'accord pour le 13 juillet, sur le vol numéro 807. L'avion décolle de l'aéroport Charles de Gaulle à 13h30, et vous devez vous présenter au comptoir deux heures avant.
ÉLISABETH: C'est parfait.
L'AGENT DE VOYAGE: Pour les deux billets, ça fait 1 600 euros.
ÉLISABETH: Voilà ma carte de crédit.
L'AGENT DE VOYAGE: Merci beaucoup . . . Voici votre fiche de réservation. Vos billets seront prêts demain soir.
ÉLISABETH: À demain. Au revoir, monsieur.

Écoutez de nouveau la conversation.

CD 5, Track 12

Activité 5. Situation

Vous allez participer à une conversation en répondant à certaines questions. D'abord, écoutez la conversation incomplète jusqu'à la fin. Ne répondez pas aux questions. Écoutez.

LISA: Bonjour, monsieur.
L'EMPLOYÉ: Bonjour, mademoiselle. Vous désirez?
LISA: Je voudrais passer un week-end à Venise pour le carnaval, et j'aimerais voyager en avion. Est-ce que vous avez des tarifs spéciaux pour les jeunes?
L'EMPLOYÉ: (*Oui, nous avons des tarifs pour les moins de 25 ans.*)
LISA: J'ai 19 ans, donc ça va. C'est avec quelle compagnie?
L'EMPLOYÉ: (*Avec Air France, mademoiselle.*)
LISA: Quelles sont la date et l'heure du départ?
L'EMPLOYÉ: (*Le départ est le vendredi 27 janvier à 17h30.*)
LISA: Très bien. Et le retour?
L'EMPLOYÉ: (*Le retour est le dimanche 29 janvier à 20h05.*)
LISA: À quelle heure est-ce que l'avion atterrit à Paris?
L'EMPLOYÉ: (*Il atterrit à 21h45.*)
LISA: C'est parfait. Et quel est le prix du billet aller et retour?
L'EMPLOYÉ: (*250 euros, pour les moins de 25 ans.*)
LISA: Eh bien, je vais prendre mon billet maintenant.

URB p. 65

Écoutez de nouveau la conversation. Cette fois, jouez le rôle de l'employé de l'agence de voyage et répondez aux questions de Lisa. Pour répondre aux questions, regardez les informations dans votre cahier. Répondez après le signal sonore.

Langue et communication

CD 5, Track 13

Pratique orale 1, p. 201

Vous allez entendre une série de questions concernant les projets de plusieurs personnes. Jouez le rôle de ces personnes et répondez aux questions. Utilisez le futur et les expressions dans votre cahier. D'abord, écoutez le modèle.

Modèle: Cette année, nous avons voyagé en Italie. / Et l'année prochaine? L'année prochaine, nous voyagerons au Brésil.

1. L'été dernier, je suis allé en Égypte. / Et l'été prochain? # L'été prochain, j'irai au Maroc.
2. Hier, il a plu toute la journée. / Et demain? # Demain, il fera beau.
3. Le mois dernier, Jacques a eu beaucoup de travail. / Et le mois prochain? # Le mois prochain, il aura plus de temps libre.
4. La dernière fois, Catherine a été désagréable. / Et la prochaine fois? # La prochaine fois, elle sera gentille.
5. Hier soir, j'ai appelé mes cousins. / Et demain soir? # Demain soir, j'appellerai mes grands-parents.
6. Lundi dernier, Corine et François n'ont pas pu venir. / Et lundi prochain? # Lundi prochain, ils pourront venir.
7. Cette année, nous avons acheté une voiture. / Et l'année prochaine? # L'année prochaine, nous achèterons un ordinateur.
8. La semaine dernière, Martin n'est pas venu avec nous au stade. / Et la semaine prochaine? # La semaine prochaine, il viendra avec nous à la piscine.
9. Hier, je n'ai pas fini mon travail. / Et demain? # Demain, je finirai tout.
10. Dimanche dernier, j'ai vu mes grands-parents. / Et dimanche prochain? # Dimanche prochain, je verrai mon oncle et ma tante.

CD 5, Track 14

Pratique orale 2

Vous allez entendre une série de questions. Répondez à ces questions. Commencez vos réponses par **si, quand** ou **dès que.** Utilisez les expressions dans votre cahier. Faites attention de bien utiliser le futur quand il le faut, et soyez logique! D'abord, écoutez le modèle.

Modèle: Qu'est-ce que nous ferons quand les cours seront finis? Quand les cours seront finis, nous irons à la piscine.

1. Qu'est-ce que tu feras quand tu seras en vacances? # Quand je serai en vacances, je me lèverai tard tous les jours.
2. Où est-ce que tu iras en voyage si tu as assez d'argent? # Si j'ai assez d'argent, j'irai en voyage au Portugal.
3. Qu'est-ce que nous ferons s'il fait beau dimanche? # S'il fait beau dimanche, nous ferons un pique-nique.
4. Qu'est-ce que vous ferez quand vous aurez du temps libre? # Quand nous aurons du temps libre, nous irons au stade.
5. Qu'est-ce que tu feras si tu rates l'avion? # Si je rate l'avion, je prendrai le train.
6. Qu'est-ce que vous achèterez quand vous serez aux États-Unis? # Quand nous serons aux États-Unis, nous achèterons des jeans et des disques laser.
7. Où est-ce que nous irons s'il pleut ce week-end? # S'il pleut ce week-end, nous resterons à la maison.
8. Qu'est-ce que tu feras dès que tu arriveras à Marseille? # Dès que j'arriverai à Marseille, je chercherai un hôtel.
9. Qu'est-ce que Michel devra faire quand il arrivera à la gare? # Quand il arrivera à la gare, il compostera son billet.
10. À qui est-ce que Nelly enverra des cartes postales quand elle sera en Italie? # Quand elle sera en Italie, elle enverra des cartes postales à tous ses amis.

URB p. 66

CD 5, Track 15

Pratique orale 3

Vous allez entendre une série de phrases concernant plusieurs personnes. Dites ce qui se passerait si leur situation était différente. Utilisez les expressions dans votre cahier. D'abord, écoutez le modèle.

Modèle: Cette année, Marc n'a pas de vacances.
S'il avait des vacances, il irait au Sénégal.

1. Nous n'avons pas beaucoup d'argent. # Si nous avions beaucoup d'argent, nous achèterions une voiture neuve.
2. Hélène ne travaille pas sérieusement. # Si elle travaillait sérieusement, elle réussirait à ses examens.
3. Je n'ai pas assez de temps libre. # Si j'avais assez de temps libre, je ferais plus de sport.
4. Luc doit travailler ce dimanche. # S'il ne devait pas travailler ce dimanche, il irait au stade avec ses amis.
5. Je n'ai pas de voiture. # Si j'avais une voiture, je partirais à la campagne pour quelques jours.
6. Martin n'a pas d'amis. # S'il avait des amis, il serait plus heureux.
7. Nous ne sommes pas en retard. # Si nous étions en retard, nous raterions le train.
8. Tu oublies toujours de composter ton billet de train. # Si tu n'oubliais pas de composter ton billet de train, tu n'aurais pas d'amende.
9. M. et Mme Lanson n'ont pas la télévision. # S'ils avaient la télévision, ils sortiraient moins souvent.
10. J'ai peur de prendre l'avion. # Si je n'avais pas peur de prendre l'avion, je pourrais faire de grands voyages.

Nom ____

Classe ____________________ Date ____________________

Discovering FRENCH Nouveau!
ROUGE

Petit examen 2

A. Partons en voyage. (100 points total: 10 points per word)

On fait beaucoup de choses quand on voyage. Écrivez la lettre qui correspond à la réponse correcte. (Attention: tous les mots ne sont pas utilisés.)

I.

a. d'escale b. un aller et retour c. atterrir d. en retard
e. du couloir f. débarquer g. d'une carte d'embarquement

Si tu veux voyager de La Rochelle à Poitiers et de Poitiers à La Rochelle, tu as besoin d'acheter (1)__________.

On a le choix entre un siège près de la fenêtre ou près (2) __________.

On a besoin (3) __________ pour monter dans l'avion.

Si un vol est direct, il n'y a pas (4) __________.

Si le train n'est pas à l'heure, il est (5) __________.

II.

a. d'escale b. la douane c. du couloir d. enregistrer
a. atterrir f. embarquer g. débarquer

À l'aéroport, on doit (6) __________ ses bagages avant de pouvoir (7) __________.

D'abord l'avion doit (8) __________ avant qu'on puisse (9) __________.

Quand on atterrit à l'étranger, on va chercher ses bagages puis on doit passer par (10) __________.

Nom ______________________________

Classe ______________________ Date ______________

Discovering FRENCH Nouveau!

ROUGE

Unité 5 Partie 2

Lesson Quizzes

Petit examen 3 (Version A)

A. Le futur. (100 points total: 10 points per word)

Complétez chaque phrase avec le futur simple du verbe entre parenthèses.

1. (arriver) Nous ______________ à Paris.
2. (réussir) Vous ______________ à vos examens.
3. (vendre) Elle ______________ son auto l'été prochain.
4. (aller) J' ______________ passer mes vacances au Mexique.
5. (voir) Ils ______________ beaucoup de choses en Grèce.
6. (être) Tu ______________ aux États-Unis l'année prochaine, n'est-ce pas?
7. (pouvoir) Paul ______________ finir ses études dans un an.
8. (acheter) Est-ce que vous ______________ un billet de train?
9. (faire) Louise et Dominique ______________ un bon voyage.
10. (faire) Je ______________ des projets pour mes prochaines vacances.

URB p. 69

Nom ____

Classe _______________________ Date _______________

Petit examen 3 (Version B)

A. Le futur. (100 points total: 10 points per word)

Choisissez la forme correcte du future simple des verbes suivants.

	a.	b.
1. nous (arriver)	a. arriverons	b. arriveront
2. vous (réussir)	a. réusisissez	b. réussirez
3. elle (vendre)	a. vendra	b. vendras
4. j' (aller)	a. ira	b. irai
5. ils (voir)	a. virent	b. verront
6. tu (être)	a. seras	b. sera
7. il (pouvoir)	a. pouvait	b. pourra
8. vous (acheter)	a. achèteras	b. achèterez
9. elles (faire)	a. firent	b. feront
10. je (faire)	a. ferai	b. fasse

Nom ______________________________

Classe ____________________ Date ____________

Petit examen 4 (Version A)

A. Les verbes. (50 points total: 10 points per item)

Choisissez la forme correcte du conditionnel pour les verbes suivants.

(voir)	1. Je	a. voirai	b. verrais
(être)	2. Tu	a. serais	b. serait
(venir)	3. Il	a. viendrait	b. vendrait
(pouvoir)	4. Vous	a. pouviez	b. pourriez
(vouloir)	5. Elles	a. voudraient	b. voulaient

B. Si j'étais riche . . . . (50 points total: 10 points each)

Ton ami et toi, vous parlez de vos rêves. Vous voudriez gagner le loto. Vous dites «Si j'étais riche, ...» Complétez les phrases en mettant le verbe donné au conditionnel.

6. (faire) Je ____________________ beaucoup de projets.
7. (aller) Nous ____________________ en Europe.
8. (payer) Mes parents ____________________ des vacances à toute la famille.
9. (voyager) Toi, mon ami, tu ____________________ avec moi.
10. (avoir) Ma soeur ____________________ une nouvelle voiture.

Nom ______________________________

Classe ____________________ Date ______________

Discovering FRENCH Nouveau!
ROUGE

Petit examen 4 (Version B)

A. Les verbes. (50 points total: 10 points per item)

Choisissez la forme correcte du conditionnel pour les verbes suivants.

(voir)	1. Je	a. voirai	b. verrais
(être)	2. Tu	a. serais	b. serait
(venir)	3. Il	a. viendrait	b. vendrait
(pouvoir)	4. Vous	a. pouviez	b. pourriez
(vouloir)	5. Elles	a. voudraient	b. voulaient

B. Si j'étais riche . . . . (50 points total: 10 points each)

Ton ami et toi, vous parlez de vos rêves. Vous voudriez gagner le loto. Vous dites «Si j'étais riche, ...» Écrivez la lettre qui correspond à la forme correcte du conditionnel.

6. (faire) Je ______________ beaucoup de projets.
   a. ferai b. ferais
7. (aller) Nous ______________ en Europe.
   a. irions b. irons
8. (payer) Mes parents ______________ des vacances à toute la famille.
   a. paieront b. paieraient
9. (voyager) Toi, mon ami, tu ______________ avec moi.
   a. voyagerais b. voyageras
10. (avoir) Ma soeur ______________ une nouvelle voiture.
    a. aura b. aurait

Nom ______________________________ Date ________________

Discovering FRENCH Nouveau!

ROUGE

UNITÉ 5

Lecture

A

COMMENT PRENDRE LE BUS ?

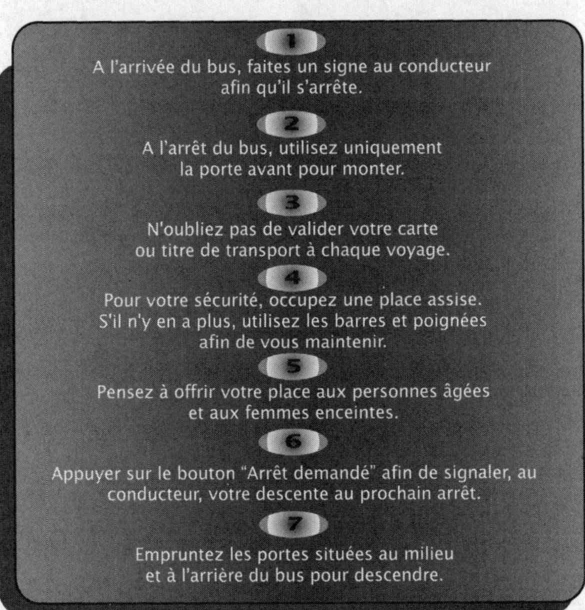

1 A l'arrivée du bus, faites un signe au conducteur afin qu'il s'arrête.

2 A l'arrêt du bus, utilisez uniquement la porte avant pour monter.

3 N'oubliez pas de valider votre carte ou titre de transport à chaque voyage.

4 Pour votre sécurité, occupez une place assise. S'il n'y en a plus, utilisez les barres et poignées afin de vous maintenir.

5 Pensez à offrir votre place aux personnes âgées et aux femmes enceintes.

6 Appuyer sur le bouton "Arrêt demandé" afin de signaler, au conducteur, votre descente au prochain arrêt.

7 Empruntez les portes situées au milieu et à l'arrière du bus pour descendre.

LA VALIDATION EST OBLIGATOIRE À CHAQUE MONTÉE

Compréhension

1. Qu'est-ce qu'il faut faire pour que le conducteur d'un bus s'arrête?
   Il faut faire signe au conducteur.
2. Par où est-ce qu'il faut monter dans le bus?
   par la porte avant
3. Que peut-on utiliser pour ne pas perdre l'équilibre, s'il n'y a plus de place?
   les barres les poignées
4. Une femme enceinte . . .
   est handicappée. (attend un bébé.)
5. Par où est-ce qu'il faut descendre du bus?
   par la porte arrière ou la porte située au milieu

Qu'est-ce que vous en pensez?

1. Quel est l'adjectif qu'on utilise de préférence pour dire **vieille?**
   âgée
2. Quel est le synonyme de **afin** (que / de)?
   pour

URB p. 73

Nom ______________________________ Date ________________

B

Option assistance aux véhicules :

valable pour les Zones 1, 2 et 3

Roulez tranquille !

Cette option couvre tout véhicule en cas de panne, vol ou accident.
Les garanties d'assistance sont accordées sans franchise kilométrique.

Votre problème	Notre solution	Nous garantissons
Votre véhicule est en panne ou accidenté.	Nous organisons le remorquage jusqu'au garage le plus proche.	Les frais de remorquage à concurrence de 152,45 €.
Votre véhicule est immobilisé moins de 24h.	Nous organisons votre hébergement.	1 nuit d'hôtel par bénéficiaire en France et 3 nuits à l'étranger (76,22 € par nuit).
Votre véhicule non roulant est immobilisé plus de 24h en France ou plus de 72h à l'étranger.	▪ Nous organisons votre retour au domicile ou la poursuite de votre voyage. ▪ Nous organisons la récupération de votre véhicule.	▪ 1 titre de transport Aller simple par bénéficiaire ou un véhicule de location pour 24 h en France ou 48 h à l'étranger. ▪ 1 titre de transport Aller simple.
Vous ne trouvez pas une pièce détachée à l'étranger.	Nous la recherchons et vous l'envoyons.	Les frais d'expédition.
Votre véhicule n'est pas réparable à l'étranger sous certaines conditions.	Nous organisons son rapatriement.	Le transport du véhicule jusqu'au garage le plus proche de votre domicile.
Vous êtes accidenté ou malade et nul n'est en mesure de vous remplacer au volant.	Nous mettons à votre disposition un chauffeur de remplacement.	La prise en charge du chauffeur.
Votre véhicule est volé ou accidenté et immobilisé plus de 72h en France ou à l'étranger.	Nous mettons à votre disposition un véhicule de remplacement.	Un véhicule de location de catégorie A ou B durant 7 jours maximum.

Compréhension

1. Le **remorquage** veut dire qu'...
   (on emporte la voiture.)
   laisse la voiture sur place.
2. Quel est le synonyme d'**hébergement?**
   logement, habitation
3. Comment dit-on **pièce détachée** en anglais?
   a part
4. Quel est le synonyme de **votre domicile?**
   chez vous
5. Quel est le synonyme, dans le texte, de **prix?**
   les frais

Qu'est-ce que vous en pensez?

1. Quel verbe veut dire **prendre en charge?**
   (payer)
   trouver
2. Le mot patriote vient de patrie. Que veut dire **rapatriement?**
   (rapporter / revenir en France)
   emporter / partir de la France

URB
p. 74

C

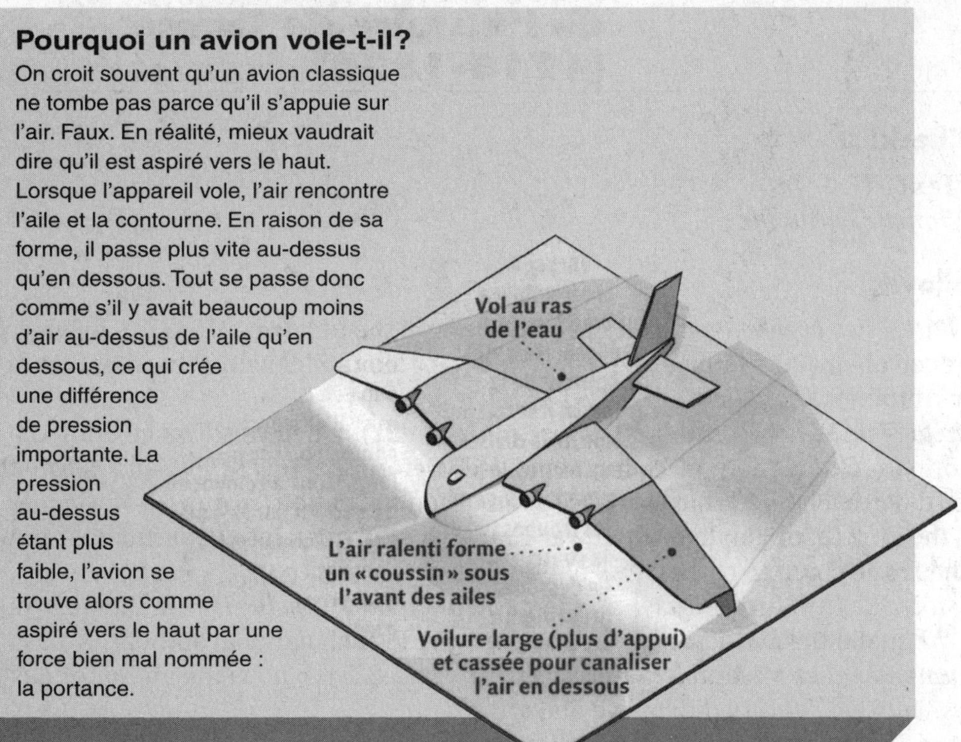

Pourquoi un avion vole-t-il?

On croit souvent qu'un avion classique ne tombe pas parce qu'il s'appuie sur l'air. Faux. En réalité, mieux vaudrait dire qu'il est aspiré vers le haut. Lorsque l'appareil vole, l'air rencontre l'aile et la contourne. En raison de sa forme, il passe plus vite au-dessus qu'en dessous. Tout se passe donc comme s'il y avait beaucoup moins d'air au-dessus de l'aile qu'en dessous, ce qui crée une différence de pression importante. La pression au-dessus étant plus faible, l'avion se trouve alors comme aspiré vers le haut par une force bien mal nommée : la portance.

Compréhension

1. Si l'avion **s'appuie sur l'air,** ça veut dire que . . .

   (l'air porte l'avion.)   l'air arrête l'avion.

2. Combien d'ailes a un avion? Comment dit-on **aile** en anglais?

   deux   wings

3. Est-ce qu'il y a plus d'air au-dessus de l'aile ou en dessous?

   en dessous

4. Où est-ce que la pression de l'air est la plus forte? Au-dessus ou en dessous des ailes?

   en dessous

5. Pourquoi est-ce que la force qui aide l'avion à voler est mal nommée?

   L'air aspire l'avion vers le haut.

Qu'est-ce que vous en pensez?

1. Quel est le synonyme d'**un avion,** dans le texte?

   un appareil

2. À part les avions, qu'est-ce qui a des ailes?

   les oiseaux

URB p. 75

Nom ______________________________

Classe ____________________ Date ______________

Discovering FRENCH Nouveau!

ROUGE

INTERLUDE CULTUREL 5 Les grands moments de l'histoire de France (1715–1870) pages 216–225

Materials Checklist

- ❑ **Student Text**
- ❑ **Video** 5, *Vignette culturelle*

Steps to Follow

- ❑ Read *Les dates*, *Les événements*, and *Les personnes* in the text (pp. 216–217). In what year did the French abolish the monarchy? What was Napoleon's nickname? In what country was Marie-Antoinette born?
- ❑ Read *L'héritage de la Révolution* in the text (pp. 218–221). When was France unified? What historic event does July 14th commemorate? Before the Revolution, and before the creation of the French flag, what (or who) symbolized the nation? Who was Marianne? What was the Louvre, originally? When was France first divided into departments? In what year did the **franc** cease to be France's national currency?
- ❑ Read *L'histoire de la «Marseillaise»* and *Documents: «La Marseillaise»* in the text (pp. 222–223). When did the *Marseillaise* first become the French national anthem?
- ❑ Read *Documents: «Les Misérables»* in the text (pp. 224–225). Who is the author of *Les Misérables?* In what century did he live and write?
- ❑ Watch **Video** 5, *Vignette culturelle*. Pause and replay if necessary.

If You Don't Understand . . .

- ❑ Watch the **Video** or **DVD** in a quiet place. Try to stay focused. If you get lost, stop the **Video** or **DVD**. Replay it and find your place.
- ❑ Read the title of the text and try to guess what it is about.
- ❑ Look at the illustrations for clues to help you understand the text.
- ❑ Skim each text first to get a general sense of what it is about.
- ❑ During your second reading of each text, look for the main idea in each paragraph. Try to guess the meaning of the words you don't know from the context.
- ❑ When you have read each text a third time, summarize it in your own words.
- ❑ Write down any questions so that you can ask your partner or your teacher later.

Self Check

Répondez aux questions suivantes.

1. Quelle est la devise de la France?
2. Quand est-ce que le système métrique a été créé?
3. Comment s'appelle l'auteur de *La Marseillaise?*
4. Comment s'appelle le personnage principale du roman *Les Misérables?*

Answers

1. La devise de la France c'est "Liberté, égalité, fraternité." 2. Le système métrique a été créé en 1793. 3. L'auteur de *La Marseillaise* s'appelle Rouget de Lisle. 4. Le personnage principale du roman *Les Misérables* s'appelle Jean Valjean.

Nom ______________________________

Classe ____________________ Date ____________

Discovering FRENCH Nouveau!

ROUGE

UNITÉ 5 Bon voyage!

Vidéo-Drame: Nicolas fait un voyage

Activité 1. Anticipe un peu!

Avant la vidéo

Nicolas va passer les vacances de Pâques chez son correspondant irlandais. Mais, avant de partir, il doit faire beaucoup de choses! Dans quel ordre doit-il faire ce qu'il doit faire? Lis les phrases suivantes et écris les núméros 1–5 pour mettre les phrases dans le bon ordre.

____ a. Nicolas doit apporter son passeport et ses billets avec lui à la gare.

____ b. Nicolas doit reserver son billet d'avion pour aller de Paris à Dublin.

____ c. Nicolas doit consulter l'Internet pour des renseignements.

____ d. Nicolas doit composter son billet de train quand il arrive à la gare.

____ e. Nicolas doit regarder les horaires de train pour aller a Paris.

Activité 2. Vérifie!

Fais des corrections à l'Activité 1 pendant que tu regardes la vidéo.

____ a. Nicolas doit apporter son passeport et ses billets avec lui à la gare.

____ b. Nicolas doit reserver son billet d'avion pour aller de Paris à Dublin.

____ c. Nicolas doit consulter l'Internet pour des renseignements.

____ d. Nicolas doit composter son billet de train quand il arrive à la gare.

____ e. Nicolas doit regarder les horaires de train pour aller a Paris.

Activité 3. Vrai ou faux?

En regardant la vidéo

Lis les phrases ci-dessous. Indique si chaque phrase est vraie ou fausse, selon la vidéo. Corrige les phrases fausses.

____ 1. Quand Malik arrive chez les Pasquier, Nicolas joue à son nouveau jeu d'ordinateur.

____

____ 2. Nicolas va passer les vacances de Pâques à Paris.

____

____ 3. Nicolas va prendre le train à Paris.

____

____ 4. Nicolas va prendre un vol de Paris à Dublin, avec une escale à Londres.

____

Nom ___________________________________

Classe ___________________ Date ___________

____ 5. Nicolas part le 31 mars.

____

____ 6. Quand Nicolas fait ses valises, il met son billet de train dans son sac avec son passeport et son billet d'avion.

____

____ 7. Nicolas ne rate pas son train.

____

Activité 4. Nicolas prépare son voyage

En regardant la vidéo

Regarde la vidéo, puis choisis la bonne réponse pour completer chaque phrase.

1. Nicolas cherche des renseignements __________ pour préparer son voyage.
   a. à l'agence de voyages
   b. sur l'ordinateur
2. Nicolas va de Paris à Dublin en
   a. train.
   b. avion.
3. Nicolas va apporter deux valises et son
   a. sac à dos.
   b. jeu d'ordinateur.
4. Nicolas, Malik et Mélanie arrivent
   a. à la gare.
   b. à l'aéroport.
5. Nicolas ne trouve pas
   a. son billet de train.
   b. son passeport.
6. Mélanie donne __________ à Nicolas.
   a. le billet d'avion pour Dublin
   b. le billet de train pour Paris

Activité 5. N'oublie pas les choses de la liste!

En regardant la vidéo

Pour aider son ami Nicolas, Malik a fait une liste des choses necessaires. En regardant la vidéo, écris «oui» ou «non» pour indiquer si Nicolas a les choses de la liste ou pas.

Nicolas a besoin . . .	oui	non
1. du sac à dos	❑	❑
2. de la carte d'identité	❑	❑
3. de la carte d'embarquement	❑	❑
4. des bagages	❑	❑
5. du permis de conduire	❑	❑
6. du passeport	❑	❑
7. du bagage à main	❑	❑
8. du billet d'avion	❑	❑

Activité 6. Aide-moi à préparer mon voyage!

Après la vidéo

Travaille avec un(e) camarade de classe. Prépare et présente la situation ci-dessous. Utilise les «**Phrases utiles**» et le vocabulaire aux pages 190–191 et 196–198 de ton livre.

Personnages: deux ami(e)s

Scène: devant un ordinateur

Situation: Un(e) élève va passer les vacances d'été chez son/sa correspondant(e) francophone; l'autre ami(e) l'aide à préparer son voyage.

Phrases utiles

- le départ
- le retour
- le vol
- aller et retour
- une escale
- réserver un billet
- la carte d'embarquement
- le passeport

Activité 7. Ton voyage d'été

Après la vidéo

Tu viens d'arriver chez ton/ta correspondant(e). Raconte tes aventures de voyage dans un email à un(e) ami(e). Écris tout ce que tu as fait pour préparer ton voyage.

____
____
____
____
____
____
____
____
____
____
____
____
____

Nom ________________________________

Classe ____________________ Date ______________

Discovering FRENCH Nouveau!
ROUGE

Vignette culturelle: La Marseillaise

Activité 1. Tes connaissances

Avant la vidéo

a. Sais-tu qui a écrit l'hymne national américain? Dans quelles circonstances?

____

____

b. Quelles émotions est-ce que tu associes avec l'hymne national américain? Est-ce que la musique contribue à ces émotions?

____

____

c. Lis les paroles de «La Marseillaise», l'hymne national français, à la page 223 de ton livre. Quelles sont quelques similarités entre cette chanson et l'hymne national américain?

____

____

Activité 2. La vie de Rouget de Lisle

Avant la vidéo

Lis l'information biographique sur Rouget de Lisle, l'homme qui a écrit «la Marseillaise», dans ***l'Interlude culturel*** aux pages 222–223 de ton livre. Puis, complète chaque phrase avec les mots de la boîte qui conviennent.

à la guillotine	Chant de guerre pour l'armée du Rhin
la Revolution française	la poésie
noble du violon	le maire de Strasbourg

1. Rouget de Lisle était d'origine ______________.
2. Rouget de Lisle était un jeune capitaine pendant l'epoque de ______________.
3. De Lisle a été condamné à mort ______________.
4. Le nom original de la chanson de Rouget de Lisle était ______________.
5. Militaire, Rouget de Lisle aimait aussi ______________ et il jouait ______________.
6. ______________ lui a demandé écrire la chanson.

Nom ______________________________ Discovering FRENCH Nouveau!

Classe ______________________ Date ______________ ______________

ROUGE

Activité 3. Images de la chanson

Après la vidéo

L'auteur de la chanson «La Marseillaise» a utilisé beaucoup de phrases qui evoquent, par exemple, des images de la guerre, du patriotisme et de la victoire. Lis la liste des phrases de la chanson dans ton livre et écris l'image (la guerre, le patriotisme, la victoire, etc.) que chaque phrase évoque pour toi.

1. l'étendard sanglant ______________
2. enfants de la patrie ______________
3. aux armes ______________
4. citoyens ______________
5. les campagnes ______________
6. la tyrannie ______________

Activité 4. Quelle est la bonne réponse?

Après la vidéo

Regarde la vidéo et lis ***l'Interlude culturel*** aux pages 222–223 dans ton livre, puis choisis la bonne réponse.

1. On chante la Marseillaise toujours
   a. le 4 juillet.
   b. le 14 juillet.
   c. le 24 juillet.
2. Rouget de Lisle était
   a. capitaine de l'armée.
   b. général de l'armée.
   c. empereur de la France.
3. Au début de la Marseillaise, la France est appelée
   a. la Marianne.
   b. la République.
   c. la Patrie.
4. Le texte de la Marseillaise est
   a. paisible et génial.
   b. religieux et tranquille.
   c. puissant et guerrier.
5. L'auteur de la Marseillaise veut
   a. la gloire de la France.
   b. la tyrannie.
   c. un fils.

Nom ____ Discovering FRENCH Nouveau!

Classe ____________________________ Date ______________________

ROUGE

Activité 5. La Marseillaise

Après la vidéo

Regarde la vidéo. Lis les pages 222–223 dans ton livre et réponds aux questions ci-dessous en français.

1. Pourquoi est-ce que la Marseillaise n'était pas l'hymne national de 1800–1879?

____

____

____

____

____

____

2. Pourquoi est-ce que Rouget de Lisle a écrit la Marseillaise?

____

____

____

____

____

3. Qu'est-ce que tu penses du débat sur le texte de la Marseillaise?

____

____

____

____

____

____

UNITÉ 5 Bon voyage!

Vidéo-drame

Counter: 31:41–36:59

Nicolas va passer les vacances de Pâques chez son correspondant irlandais. Pour obtenir des renseignements sur son voyage, il consulte l'Internet, mais il a quelques problèmes . . . Heureusement, Malik est là pour l'aider.

MALIK: Salut, Nicolas!

NICOLAS: Salut, Malik.

MALIK: Alors, tu joues à ton nouveau jeu d'ordinateur?

NICOLAS: Mais pas du tout! Je voudrais préparer mon voyage pour l'Irlande, mais j'ai des difficultés avec le serveur.

MALIK: Attends une seconde! Je vais t'aider. Alors, qu'est-ce que tu voudrais faire exactement?

NICOLAS: Eh bien, je voudrais aller en train jusqu'à Paris et de là prendre un avion d'Air France pour Dublin.

MALIK: Bon, commençons par le vol Paris-Dublin. Tu veux un aller et retour, je suppose.

NICOLAS: Évidemment!

MALIK: Date de départ?

NICOLAS: Le 31 mars.

MALIK: Et date de retour?

NICOLAS: Le 15 avril.

MALIK: Bon, pour l'aller, il y a le vol Air France 5005. Départ de Paris à 12h40 et arrivée à Dublin à 13h35.

NICOLAS: Et pour le retour?

MALIK: Retour . . . vol Air France 5009. Départ de Dublin à 14h15 et arrivée à Paris à 17h05. Ça te va?

NICOLAS: Ça dépend . . . Est-ce qu'il y a une escale à Londres?

MALIK: Non, ce sont des vols directs!

NICOLAS: Bon alors, c'est parfait!

MALIK: Et maintenant, on va regarder les horaires de train pour aller jusqu'à Paris?

NICOLAS: Non, ça va, j'ai déjà réservé mon billet.

MALIK: Alors, dans ce cas, on va jouer à ton jeu d'ordinateur.

NICOLAS: Ça, c'est une excellent idée.

C'est le jour du départ. Nicolas finit ses bagages.

MALIK: Ouf, dis donc, tu ne voyages pas léger! Combien de bagages est-ce que tu as?

NICOLAS: Eh bien, j'ai ces deux valises, mon sac à dos . . . et ce sac. C'est tout!

MALIK Et tu as bien tous tes documents de voyage?

NICOLAS: Mais oui, Malik. Regarde. Voilà mon passeport. Voilà mon billet d'avion . . . et ma carte d'embarquement. Et voilà mon billet de train.

MÉLANIE: Mais qu'est-ce que vous faites, tous les deux? Nicolas, tu ne sais pas que ton train part dans trente-cinq minutes. Nous allons être en retard! Allez, dépêche-toi!

Mélanie et les deux garçons viennent d'arriver à la gare.

MALIK: Et avant de monter dans le train, n'oublie pas de composter ton billet.

NICOLAS: Mais, bien sûr, je n'oublierai pas de le composter.
Oh là là, mon Dieu . . . mais où est-il? Je ne trouve pas mon billet de train . . .
Où est-ce que je l'ai mis . . . ? Je l'ai probablement laissé à la maison. Je vais rater mon train . . . et mon avion pour Dublin!! Quelle catastrophe!

MÉLANIE: C'est ça ce que tu cherches? Je l'ai trouvé sur ton lit.

NICOLAS: Oh là là, tu me sauves la vie!

Vignette culturelle: La Marseillaise

Counter: 37:05–39:06

La Marseillaise . . . plus qu'une chanson . . . c'est l'hymne national de la France. Un jeune capitaine français, Rouget de Lisle, a écrit *la Marseillaise* en 1792 . . . beaucoup de jeunes français connaissent cet hymne national.

Maintenant, écoutons *la Marseillaise*, qui est toujours chantée au 14 juillet.

Nom ______________________________

Classe ______________________ Date ______________

Discovering FRENCH Nouveau!

ROUGE

Contrôle de l'Unité 5

À L'ÉCOUTE (20 points)

A. Quelle vie! (10 points; 2 points per item)

Écoutez Éric qui parlera de son avenir. Son récit sera répété. Ensuite, vous entendrez cinq phrases. Déterminez si elles sont vraies ou fausses et encerclez la bonne réponse. Chaque phrase sera répétée.

1. a. vrai b. faux
2. a. vrai b. faux
3. a. vrai b. faux
4. a. vrai b. faux
5. a. vrai b. faux

B. Réponses logiques (10 points; 2 points per item)

Vous allez entendre une série de questions. Pour chaque question, la réponse est incomplète. Encerclez le mot ou l'expression qui complète la réponse le plus logiquement. Chaque question sera répétée.

Modèle: a. le train (b.) un sac à dos c. un pique-nique

1. a. à trois heures moins dix b. à trois heures dix c. à deux heures cinquante-huit
2. a. chercher un hôtel b. composter leur billet c. débarquer
3. a. la carte d'embarquement b. une pièce d'identité c. ses valises
4. a. en Californie b. au Canada c. à Chicago
5. a. cacher sa valise b. les vendre au douanier c. les déclarer

À L'ÉCRIT (80 points)

C. Questions personnelles: En voyage
(15 points; 3 points per sentence)

Répondez aux questions suivantes avec des phrases complètes.

1. Que vous faut-il pour voyager à l'étranger?

____

2. Que peut-on faire dans une agence de voyages?

____

3. Quelle place préférez-vous avoir dans un avion: la fenêtre ou le couloir?

____

4. Pour aller à Paris vaut-il mieux faire escale ou prendre un vol direct?

____

5. Que faut-il faire avec votre valise quand vous arrivez à l'aéroport?

____

Nom ______________________________

Classe ______________________ Date ______________

Discovering FRENCH Nouveau!

ROUGE

D. À la douane (15 points; 3 points per sentence)

Répondez toujours à la forme négative aux questions du douanier. Utilisez une EXPRESSION NÉGATIVE.

ne . . . ni . . . ni	ne . . . pas	ne . . . personne	ne . . . que	ne . . . rien

1. Avez-vous quelque chose à déclarer?

   ____

2. Transportez-vous des plantes ou de la nourriture?

   ____

3. Avez-vous de l'argent liquide *(cash)* sur vous?

   ____

4. Est-ce que quelqu'un vous a donné quelque chose à porter à sa place?

   ____

5. Avez-vous plus d'une valise?

   ____

E. Les grandes vacances (10 points; 1 point per item)

Annick écrit une lettre à son amie montréalaise Jeanne pour lui dire ce qu'elle fera pendant les grandes vacances. Mettez tous les verbes entre parenthèses au FUTUR.

Chère Jeanne,

C'est bientôt les grandes vacances! Ouf! Il était temps! Voilà ce que je (1) ______________ (faire). Je (2) ______________ (partir) le 11 juillet à St-Malo avec mes parents. Nous (3) ______________ (rester) là-bas chez ma grand-mère jusqu'au 3 septembre. Je (4) ______________ (dormir) tous les jours jusqu'à midi! L'après-midi mon amie Mathilde me (5) ______________ (donner) des leçons de tennis. On (6) ______________ (dîner) tôt. Ensuite j'(je) (7) ______________ (aller) au cinéma. J'adore ça! Après, nous (8) ______________ (aller) au café où nous (9) ______________ (passer) le reste de la soirée. Et toi? Est-ce que tu (10) ______________ (venir) en France cet été?

Bises,

Annick

F. Pouvez-vous prédire votre avenir?
(15 points; 3 points per sentence)

Êtes-vous optimiste? aventurier(ière)? Nous allons voir. Choisissez des verbes de la liste de verbes (ou d'autres) pour décrire ce que vous et vos amis ferez avant l'an 2000.

avoir un bon travail	**être marié(e)**	**être riche**	**aller à Tahiti**
quitter l'université	**gagner à la loterie**	**prendre le T.G.V.**	
monter à la tour Eiffel	**courir dans le Tour de France**		

1. Je (j') ___________________________
2. Je (j') ___________________________
3. Nous ___________________________
4. Mon (ma) meilleur(e) ami(e) ___________________________
5. Mes copains (mes copines) ___________________________

G. Que ferez-vous? (8 points; 2 points per sentence)

Quels sont vos projets d'avenir? Dites ce que vous ferez quand vous serez confronté(e) aux situations suivantes. Utilisez les conjonctions suggérées dans vos réponses.

aussitôt que	**dès que**	**lorsque**	**quand**

Modèle: écrire à Caroline
J'écrirai à Caroline dès que j'aurai son adresse.

1. gagner à la loterie

   ____

2. acheter un VTT

   ____

3. envoyer un cadeau à ma cousine

   ____

4. obtenir mon diplôme

   ____

Nom ______________________________

Classe ______________________ Date ______________

Discovering FRENCH Nouveau!
ROUGE

H. Si on . . . (8 points; 2 points per sentence)

Complétez les phrases suivantes pour dire ce que vous et vos amis ferez ou feriez dans les circonstances données. Vous pouvez utiliser une des expressions données ou une autre expression de votre choix. Attention: Utilisez le FUTUR ou le CONDITIONNEL, selon le cas!

- faire un voyage à Paris cet été
- acheter des billets
- voir tous les tableaux du musée
- devoir attendre le train suivant

1. Si j'avais de l'argent, je (j') . . .

   ____

2. Si Philippe passe par l'agence de voyages, il . . .

   ____

3. Si tu rates le train, tu . . .

   ____

4. Si nous avions le temps, nous . . .

   ____

I. Et si vous aviez un million de dollars, que feriez-vous?
(9 points; 3 points per item)

On peut rêver, non? Nommez trois choses.

Si j'avais un million de dollars . . .

____

____

____

____

INFO Magazine Quiz

LE PASSION DES VOYAGES

LEURS DESTINATIONS PRÉFÉRÉES

IMPRESSIONS D'AMÉRIQUE

Student Text, p. 187 (100 points: 20 points per item)

Complétez les phrases suivantes en entourant la bonne réponse.

1. Les «séjours linguistiques» sont des vacances à l'étranger pour
   a. se perfectionner dans une langue
   b. faire du camping
   c. voyager sans destination précise
2. Les séjours linguistiques concernent surtout
   a. l'espagnol
   b. le russe
   c. l'anglais
3. Dans les sejours «actifs» les jeunes
   a. passent trois semaines dans une famille en Angleterre
   b. font un stage dans une entreprise
   c. partent, sac au dos, pour des destinations mystérieuses
4. Les «explorateurs» d'autres pays
   a. partent pour d'autres pays, sac au dos
   b. font des recherches en Allemagne
   c. font du camping en Normandie
5. La majorité des jeunes Français interviewés à leur retour des États-Unis
   a. ont eu une impression plutôt favorable de ce pays
   b. ont détesté ce pays
   c. veulent y habiter

Nom ______________________________

Classe ____________________ Date ______________

INFO MAGAZINE QUIZ

LA FRANCE EN TRAIN

L'EUROTUNNEL

Student Text, p. 194 (100 points: 20 points per item)

Répondez aux questions suivantes en entourant la bonne réponse.

1. L'Eurostar est un train
   a. local
   b. super rapide
   c. ancien
2. Le prix des billets de train en France
   a. ne change jamais
   b. change une fois par an
   c. varie selon l'époque où on voyage
3. En France, les trains
   a. sont souvent en retard
   b. sont toujours à l'heure
   c. ne sont jamais à l'heure
4. L'Eurotunnel unit
   a. l'Angleterre et l'Allemagne
   b. la France et l'Allemagne
   c. la France et l'Angleterre
5. L'Eurotunnel est
   a. une nouvelle idée
   b. une idée ancienne
   c. un projet assez facile

LECTURE QUIZ: Le mystérieux homme en bleu (Version A)

TROUVEZ L'INTRUS (100 points: 20 points per item)

Pour chaque question, il y a deux réponses correctes et une réponse qui n'est pas correcte: l'intrus. Identifiez l'intrus dans chaque série de réponses et marquez la lettre correspondante (a, b, ou c).

1. Caroline va en France
   a. pour ses vacances
   b. par avion
   c. pour son travail
2. À l'arrivée, un jeune homme
   a. aide Caroline à porter ses valises
   b. ouvre les valises de Caroline
   c. demande à Caroline de porter une mallette
3. L'homme en bleu
   a. la suit presque partout
   b. est mystérieux
   c. disparaît
4. Les documents volés concernent
   a. un avion supersonique
   b. une station spatiale
   c. un projet franco-canadien
5. La photo est importante parce qu'on peut y voir
   a. le jeune homme
   b. l'auto des bandits
   c. le numéro d'immatriculation de l'auto

Nom ______________________________

Classe ____________________ Date ______________

Discovering FRENCH Nouveau!

ROUGE

LECTURE QUIZ: Le mystérieux homme en bleu (Version B)

LE CHOIX LOGIQUE [100 points: 10 points per item]

Lisez les phrases suivantes et choisissez la réponse logique.

1. Qu'est-ce que l'homme en bleu ne porte pas?
   a. des lunettes
   b. un imper
   c. un blouson
2. Dans l'avion Caroline
   a. regarde des magazines
   b. bavarde avec les autres passagers
   c. dort
3. La mallette jaune appartient à
   a. Caroline
   b. l'homme en bleu
   c. un jeune homme blond
4. Caroline vient
   a. du Japon
   b. du Canada
   c. des États-Unis
5. Elle va en France
   a. en vacances
   b. pour travailler
   c. pour étudier
6. Qu'est-ce que Caroline ne fait pas le premier jour?
   a. manger des croissants
   b. faire une promenade au jardin du Luxembourg
   c. aller à Versailles
7. Elle dîne
   a. à l'hôtel
   b. au MacDo
   c. sur un bateau-mouche
8. Qui est dans sa chambre d'hôtel quand elle rentre?
   a. son père
   b. l'homme en bleu
   c. le concierge
9. Dans la mallette il y a
   a. de l'argent
   b. des vêtements
   c. des documents secrets
10. Caroline aide l'inspecteur en lui donnant
    a. sa voiture
    b. ses valises
    c. ses photos

Nom ______________________________

Classe ______________________ Date ______________

INTERLUDE CULTUREL 5 QUIZ: Les grands moments de l'histoire de France (1715–1870) (Version A)

A. Vrai/Faux

(25 points: 5 points per item)

Répondez aux questions suivantes en entourant la bonne réponse.

1. La Révolution française a inspiré la Révolution américaine.
   a. vrai
   b. faux
2. La devise de la France est: «Liberté, Démocratie, Fraternité».
   a. vrai
   b. faux
3. Napoléon Bonaparte a encouragé les sciences.
   a. vrai
   b. faux
4. Napoléon III était le petit-fils de Napoléon Ier.
   a. vrai
   b. faux
5. Certaines personnes voudraient changer le texte de la «Marseillaise».
   a. vrai
   b. faux

B. Questions à choix multiple

(75 points: 5 points per item)

Complétez les phrases suivantes en entourant la bonne réponse.

6. À la Révolution, les Français ont pris
   a. le Louvre
   b. la Bastille
   c. l'Arc de Triomphe
7. Napoléon Bonaparte est né
   a. à Paris
   b. en Italie
   c. en Corse
8. Quand il est mort, Napoléon était prisonnier
   a. des Russes
   b. des Espagnols
   c. des Anglais
9. Marie-Antoinette était la femme de
   a. Louis XVI
   b. Napoléon III
   c. Napoléon Ier
10. Avant la Révolution, on payait
    a. en écus
    b. en francs
    c. en shillings

11. Avant d'être un musée, le Louvre était
    a. un hôtel
    b. un hôpital
    c. un palais royal

12. L'hymme national français s'appelle
    a. la Marseillaise
    b. l'Arlésienne
    c. la Strasbourgeoise

13. Il a été créé à
    a. Marseille
    b. Strasbourg
    c. Paris

14. La fête nationale française est célébrée
    a. le 4 juillet
    b. le 14 juillet
    c. le 24 juin

15. Aujourd'hui, il y a en France
    a. 96 départements
    b. 46 départements
    c. 76 départements

16. Dans «Les Misérables», Jean Valjean a volé chez l'évêque
    a. du pain
    b. un collier en or
    c. des plats d'argent

17. Plus tard, Jean Valjean adopte
    a. une orpheline
    b. un orphelin
    c. deux orphelins

18. Le grand ennemi de Jean Valjean s'appelle
    a. Gavroche
    b. Monsieur Madeleine
    c. Javert

19. Gavroche était
    a. un ennemi de Victor Hugo
    b. un personnage des «Misérables»
    c. un petit-fils de Victor Hugo

20. Victor Hugo a habité en Angleterre parce que
    a. Napoléon III l'a forcé à s'exiler
    b. sa femme était anglaise
    c. il n'aimait pas la France

INTERLUDE CULTUREL 5 QUIZ: Les grands moments de l'histoire de France (1715–1870) (Version B)

A. Le choix logique [50 points: 5 points per item]

Lisez les phrases suivantes et choisissez la réponse logique.

1. Avant 1789, la Bastille était le symbole de
   a. l'égalité et la liberté pour tous les hommes
   b. l'autorité absolue du roi
   c. l'Empire de Napoléon
2. Napoléon Bonaparte était
   a. le plus brillant général de la Révolution
   b. le moins intelligent de tous ses frères
   c. roi de Westphalie
3. Marie-Antoinette a été
   a. guillotinée par les révolutionnaires
   b. exilée en Amérique
   c. la femme de Napoléon
4. Les Révolutionnaires ont établi
   a. l'esclavage
   b. des institutions communes à tout le pays
   c. l'autorité royale et la monarchie absolue
5. Le symbole de la République française est
   a. la tour Eiffel
   b. le musée du Louvre
   c. Marianne
6. Le drapeau français est
   a. bleu et rouge
   b. tricolore à bandes verticales
   c. inspiré par le drapeau américain
7. Ils remontent à la Révolution:
   a. l'Ancien Régime, le système monétaire, le musée du Louvre
   b. la fête nationale, le système métrique, le système de transport et les autoroutes
   c. l'hymne de la Marseillaise, l'armée nationale, les départements français
8. Qui a composé «la Marseillaise»?
   a. Rouget de Lisle
   b. Victor Hugo
   c. Jérôme Bonaparte
9. La devise de la France est
   a. «La Liberté guidant le peuple»
   b. «Liberté, Égalité, Fraternité»
   c. «Allons, enfants de la patrie, le jour de gloire est arrivé!»
10. Qui est Jean Valjean?
   a. «le gamin de Paris», immortalisé par Victor Hugo
   b. le compositeur de l'hymne national français
   c. le personnage principal des «Misérables».

Nom ______________________________

Classe ______________________ Date ______________

Discovering FRENCH Nouveau!
ROUGE

B. Vrai/Faux [20 points: 4 points per item]

Répondez aux questions suivantes en entourant la bonne réponse.

1. Le système métrique remplace un système de mesure complexe et inefficace. *vrai* *faux*
2. Le franc devient l'unité de monétaire. *vrai* *faux*
3. La France est divisée en provinces. *vrai* *faux*
4. Les nobles ont dirigé la Révolution. *vrai* *faux*
5. Victor Hugo a écrit «Les Misérables». *vrai* *faux*

C. La bonne réponse [30 points: 6 points per question]

Répondez aux questions suivantes avec des phrases complètes.

1. Nommez cinq aspects de la vie en France qui ont été établies pendant la Révolution française.

____

____

____

____

____

____

____

2. Quels étaient les trois ordres de l'Ancien Régime?

____

____

____

____

3. Expliquez, avec vos propres mots, cet article de la Déclaration des Droits de l'Homme: «La liberté consiste à pouvoir faire tout ce qui ne nuit pas à autrui.»

____

____

____

____

____

____

____

4. Qui est Gavroche?

____

____

____

____

____

____

____

5. En France, que signifie la date du 14 juillet?

____

____

____

____

____

____

____

Nom ____

Classe ______________________ Date ______________

CONTRÔLE DE L'INTERLUDE CULTUREL 5

À L'ÉCOUTE

A. Dictée: «La Marseillaise». (20 points total: 1 point per word)

Écoutez les paroles de l'hymne national français et complétez l'extrait ci-dessous.

______________ enfants de la ______________,
Le jour de ______________ est ______________!
______________ nous de la ______________,
______________ sanglant est levé.
L'étendard sanglant est levé.
______________-vous dans les ______________.
Mugir ces ______________ soldats?
______________ jusque dans nos ______________.
Égorger nos ______________, nos ______________.
Aux ______________, Citoyens!
______________ vos bataillons!
______________, marchons!
______________ ______________ impur abreuve nos sillons!

À L'ÉCRIT

B. L'histoire de France. (25 points total: 5 points per answer)

Répondez aux questions suivantes avec des phrases complètes.

1. Quelle est la période la plus importante de l'histoire de France?
____
____

2. Qu'est-ce qui s'est passé le 14 juillet?

____

____

3. Quelle est la devise de la France?

____

____

4. Quel est le nom que les soldats donnaient à Napoléon?

____

____

5. Où est-ce que la défaite de l'armée de Napoléon a eu lieu?

____

____

C. Des dates importantes. (10 points total: 1 point each)

Écrivez la lettre qui correspond à l'événement (colonne de droite) après la date à gauche.

____	1. 1769	a. Le neveu de Napoléon, Charles Louis est devenu empereur.
____	2. 1789	b. Victor Hugo est né.
____	3. 1792	c. La Révolution française a commencé.
____	4. 1793	d. Napoléon Bonaparte est né.
____	5. 1799	e. Napoléon Bonaparte est mort.
____	6. 1802	f. Marie-Antoinette est morte, guillotinée.
____	7. 1821	g. Napoléon Ier a pris le pouvoir absolu.
____	8. 1852	h. L'hymne national français a été écrit.
____	9. 1804	i. Napoléon Ier s'est proclamé empereur.
____	10. 1814	j. Napoléon a été exilé à l'île d'Elbe.

Nom ____________________

Classe ____________________ Date ____________________

D. Des idées révolutionnaires.

(30 points total: 3 points each question)

Choisissez le terme que chaque phrase définit.

le Code Napoléon	le Louvre	la Déclaration des Droits de l'Homme
les départements	Marianne	le système métrique
le drapeau français	Marie-Antoinette	
le franc	Napoléon Bonaparte	

1. Ce qui a déclaré l'égalité et la liberté pour tous les hommes.

   ____

2. En dix ans, il a conquis presque toute l'Europe.

   ____

3. C'est la base du système judiciaire en France.

   ____

4. Idéaliste et gracieuse, on a dit qu'elle était l'ennemie de la patrie.

   ____

5. Symbole de la Révolution française, elle orne toutes les mairies de France.

   ____

6. C'est l'emblème national tricolore.

   ____

7. La monnaie officielle française depuis la Révolution.

   ____

8. Résidence des rois de France, on en a fait un grand musée national pendant la Révolution.

   ____

9. Des divisions administratives.

   ____

10. Un système de mesures simplifié, instauré avant la Révolution.

   ____

E. Les Misérables. (15 points total: 1 point per phrase)

Vous avez lu un document sur une grande œuvre de Victor Hugo, *Les Misérables.* Pour vérifier votre compréhension de l'histoire, complétez le paragraphe suivant avec les noms et les mots de vocabulaire de la liste ci-dessous. Les noms suivis de parenthèses sont utilisés deux fois. Faites la conjugaison au passé composé des verbes que vous employez.

les personnages: Cosette, un évêque, Javert (2), Jean Valjean, M. Madeleine, Marius (2)
vocabulaire: se dénoncer, s'échapper, maire, du pain, respecté, riche, à vie

Le personnage principal s'appelle ______________________________. Il a passé dix-neuf ans en prison pour avoir volé ________________. Il sera poursuivi toute sa vie par un policier nommé _________________.

L'acte généreux d' ___________________ l'a transformé. À ce moment-là il a pris le nom de _________________________ et il a été élu _____________. Il est devenu _____________ et __________________.

Pour sauver la vie d'un accusé innocent il __________) _________________ à la police. Cette fois-ci il a été condamné à la prison _____________. Ensuite, il ________________________ de nouveau.

Plusieurs années après, à Paris, il a recueilli ____________________, une petite orpheline. Son fiancé est ____________________, un révolutionnaire.

À un moment donné il a sauvé la vie de _________________. Ce dernier ne pouvait pas arrêter l'homme qui lui avait sauvé la vie, donc il s'est suicidé.

Peu après _________________ et Cosette se sont mariés et Jean Valjean est mort heureux.

Nom ____

Classe ______________________________ Date ________________

Discovering FRENCH Nouveau!
ROUGE

UNITÉ 5 Listening Comprehension Performance Test

A. SCÈNES

Scène 1 (20 points: 4 points per item)

Vous allez entendre cinq phrases. Écoutez bien chaque phrase et déterminez à quelle image elle se réfère. Ensuite entourez la lettre qui correspond à l'image. Chaque phrase sera répétée. Il n'y a pas de modèle.

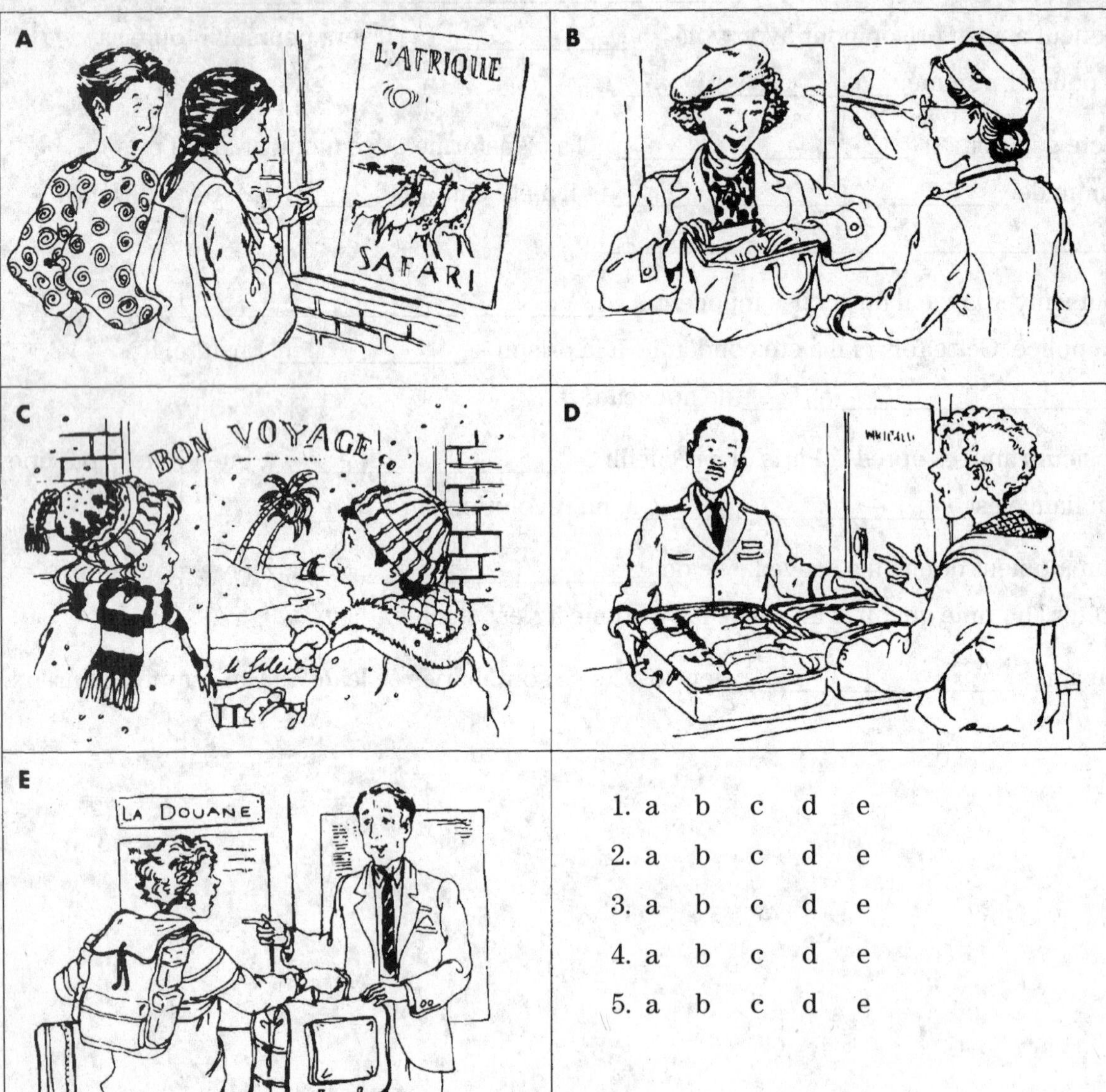

1. a b c d e
2. a b c d e
3. a b c d e
4. a b c d e
5. a b c d e

Scène 2 (20 points: 4 points per item)

Vous allez entendre cinq phrases. Écoutez bien chaque phrase et déterminez à quelle image elle se réfère. Ensuite entourez la lettre qui correspond à l'image. Chaque phrase sera répétée. D'abord, écoutez le modèle.

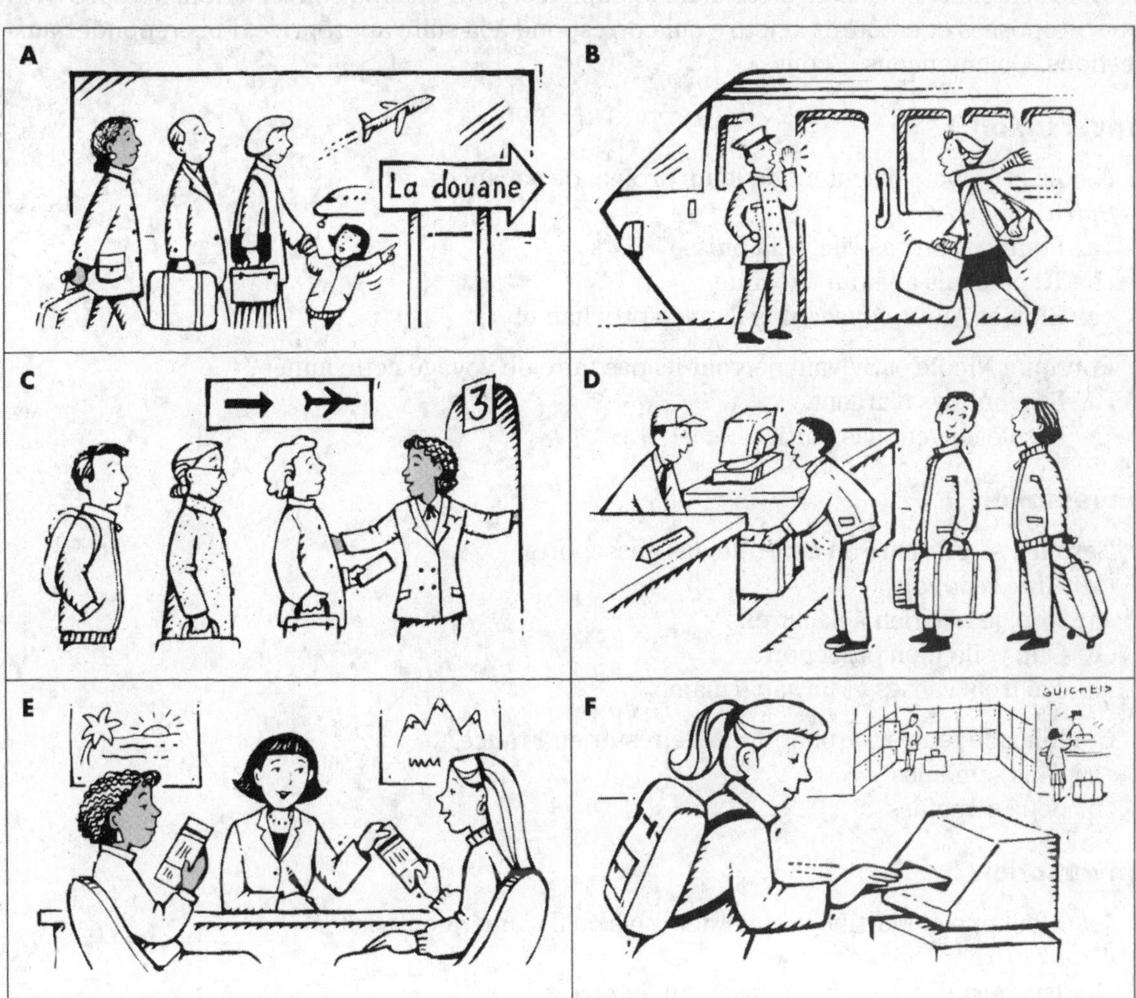

Modèle ▶ a b c d e f

6. a b c d e f
7. a b c d e f
8. a b c d e f
9. a b c d e f
10. a b c d e f

Nom ______________________________

Classe ____________________ Date ____________

B. CONTEXTES

Contexte 1 (30 points: 5 points per item)

Vous allez entendre trois conversations incomplètes. Pour chaque conversation, lisez les trois suites proposées et entourez la lettre qui correspond à la suite appropriée. Puis répondez aux questions. Commençons. Écoutez.

Conversation 1

11. Nicole et Sylvain discutent de leurs projets de vacances.
    Sylvain répond:
    a. Pourquoi ne pas visiter la Suisse?
    b. Tu pourrais aller au Mexique.
    c. Eh bien, nous voyagerons l'année prochaine!

12. Pourquoi Nicole et Sylvain ne vont-ils pas faire de voyage cette année?
    a. Ils n'ont pas d'argent.
    b. Nicole ne veut pas partir.

Conversation 2

13. Caroline se présente au contrôle des passeports.
    Caroline répond:
    a. Non, je n'ai rien à déclarer.
    b. Oui, voilà mon passeport.
    c. J'ai trois valises et un sac à main.

14. Combien de temps Caroline va-t-elle rester en France?
    a. trois semaines
    b. deux semaines

Conversation 3

15. Jean-Philippe et Martine parlent des pays qu'ils aimeraient visiter.
    Jean-Philippe répond:
    a. Tu pourrais faire un séjour en Angleterre.
    b. Tu devrais aller en Espagne.
    c. Tu peux venir avec moi.

16. Qui aime les sports d'hiver?
    a. Jean-Philippe
    b. Martine

Contexte 2 (30 points: 5 points per item)

Vous allez entendre trois conversations incomplètes. Pour chaque conversation, lisez les trois suites proposées et entourez la lettre qui correspond à la suite appropriée. Puis répondez aux questions. Commençons. Écoutez.

Conversation 1

17. Thérèse se présente au comptoir d'Air-France.
    L'agent répond:
    a. C'est votre carte d'embarquement.
    b. Ce sont vos valises.
    c. C'est un horaire.

18. Où est-ce que Thérèse voudrait une place?
    a. près du couloir
    b. près de la fenêtre

Conversation 2

19. Marc et Alice viennent d'arriver à l'aéroport.
    Marc répond:
    a. Tu dois annuler ta réservation.
    b. Achète un autre billet.
    c. Tu l'obtiendras quand tu enregistreras tes bagages.

20. Qui n'a pas sa carte d'embarquement?
    a. Marc
    b. Alice

Conversation 3

21. Éric et Martine sont à bord d'un avion qui est prêt à décoller.
    Martine répond:
    a. Mais je l'ai déjà attachée.
    b. Je suis déjà passée par la porte de sécurité.
    c. Mais j'ai déjà une jolie ceinture en cuir.

22. Qui est un peu anxieux avant le décollage?
    a. Éric
    b. Martine

Nom ______________________________

Classe ____________________ Date ______________

Discovering FRENCH Nouveau!

ROUGE

UNITÉ 5 Speaking Performance Test

CONVERSATION A — UNITÉ 5

Projets de voyage

Vous faites des projets de vacances avec un(e) ami(e). Vous essayez de déterminer quels pays vous voulez visiter. Votre professeur jouera le rôle de votre ami(e).

- Dans quels pays est-ce qu'on peut profiter du soleil?
- Dans quels pays peut-on visiter des sites historiques?
- Quels pays voudrais-tu découvrir?
- Est-ce qu'il y a des pays où tu n'as pas envie d'aller?
- Où est-ce qu'on peut pratiquer des sports d'hiver?

CONVERSATION B — UNITÉ 5

À la douane

Vous arrivez en France, après avoir visité plusieurs pays. Vous passez au contrôle des passeports. Votre professeur va jouer le rôle du douanier.

- Avez-vous une pièce d'identité?
- Quels pays avez-vous visités avant d'arriver en France?
- Pourquoi venez-vous en France?
- Allez-vous habiter chez quelqu'un ou descendrez-vous dans un hôtel?
- Combien de temps allez-vous rester?

CONVERSATION C — UNITÉ 5

D'où arrivez-vous?

Vous arrivez en France et vous passez par la douane. Votre professeur va jouer le rôle du douanier.

- D'où arrivez-vous?
- Avez-vous des bagages?
- Qu'est-ce qu'il y a dans cette valise?
- Avez-vous quelque chose à déclarer?
- Qu'est-ce que vous avez acheté à l'étranger?

CONVERSATION D UNITÉ 5

Voyage à Dijon

Vous voulez prendre le train pour Dijon. Vous consultez un agent de voyages. Répondez à ses questions.

- Où voudriez-vous aller?
- Quand est-ce que vous voulez partir?
- En quelle classe souhaitez-vous voyager?
- Voulez-vous un aller simple ou un aller-retour?
- Préférez-vous voyager en section fumeur ou non-fumeur?

CONVERSATION E UNITÉ 5

Des billets pour le Portugal

Vous venez d'acheter des billets pour le Portugal. Votre cousin, qui va voyager avec vous, vous pose des questions sur le vol. Répondez à ses questions.

- Est-ce que c'est un vol direct?
- À quelle heure est-ce que l'avion décolle?
- Pourquoi est-ce qu'il faut venir à l'aéroport une heure en avance?
- Où est-ce qu'on fait enregistrer les bagages?
- À quelle heure arriverons-nous au Portugal?

CONVERSATION F UNITÉ 5

Dans l'avion

Vous êtes dans l'avion, qui va bientôt atterrir. Un groupe d'élèves belges vous posent des questions au sujet de l'arrivée. Répondez-leur.

- Dans combien de temps l'avion va-t-il atterrir?
- Est-ce que le vol a du retard?
- Qu'est-ce qu'il faut faire quand on débarque?
- Et les bagages, où est-ce qu'on va les chercher?
- Où devons-nous attendre la correspondance?

Nom ______________________________

Classe ____________________ Date ____________________

Discovering FRENCH *Nouveau!*
ROUGE

UNITÉ 5 Writing Performance Test

1. Matt va prendre l'avion.
(15 points: 3 per sentence)

Vous allez accompagner en Europe votre jeune cousin de onze ans. Il n'a jamais pris l'avion. Vous lui écrivez pour lui expliquer comment les choses vont se passer. Écrivez cinq phrases. Utilisez le futur.

____

____

____

____

____

2. Nathalie va prendre le train.

(15 points: 3 per sentence)

Vous êtes en vacances à Vannes en France et votre amie Nathalie va venir vous voir. Elle devra prendre le train à Paris. Elle n'a jamais pris le train en France. Vous lui écrivez pour lui expliquer ce qu'elle doit faire. Écrivez cinq phrases. Utilisez le futur.

Numéro de train		4378/9	6848/9	87515	8719	8721	560/1	570/1	87751	8823	8719	8721	87589	8721	8719	8721	562/3	4372/3
Notes à consulter		1	2	22	23	23	24	24	25	26	27	28	29	27	30	30	31	21
					TGV	TGV	TGV	TGV		TGV	TGV	TGV		TGV	TGV	TGV	TGV	
Paris-Montparnasse 1-2	D				11.20	11.20				**11.25**	11.30	11.30		11.30	11.45	11.45		
Paris Montp 3 Vaug.	D				|	|				|	|	|		|	|	|		
Le Mans	D				|	|	11.38	11.41		**12.21**	|	|		|	|	|	13.07	
Laval	D			12.26	|	|	|	|		|	|	|		|	|	|	|	
Rennes	D			13.20	13.28	13.35	|	12.58		|	13.45	13.45	13.50	13.52	13.56	14.03	|	
Nantes	D	05.27	06.27			|	12.51		13.05	**13.37**		|	|	|		|	14.21	**14.36**
Redon	A	06.10	07.18			|			14.01			|	14.53	|		|		**15.19**
Questembert	A	06.27	07.35			|						|		|		|		
Vannes	A	06.42	07.51			14.34						14.44		14.51		15.02		
Auray	A	06.55	08.05			|						|		|		|		
Hennebont	A	|	08.23			|						|		|		|		
Lorient	A	07.15	08.30			15.00						15.10		15.18		15.29		
Quimperlé	A	07.29	08.44			|						|		|		|		
Rosporden	A	07.44	09.01			|						|		|		|		
Quimper	A	08.03	09.18			15.38						15.48		15.56		16.07		

Nom ______________________________

Classe ______________________ Date ______________

Discovering FRENCH Nouveau!
ROUGE

3. Un petit voyage (20 points: 4 per sentence)

Vous allez passer cinq jours à Montréal avec votre cousine. Vous lui écrivez pour lui dire ce que vous pensez faire pendant ces quelques jours. Écrivez cinq phrases. Utilisez **quand** et **si.**

____

____

____

____

____

____

4. Mon client est innocent!

(20 points: 4 per sentence)

Gilbert Horrible est accusé de ce crime. Vous êtes son avocat(e) et vous préparez sa défense. Écrivez cinq phrases. Utilisez des expressions négatives.

PARIS, 1ER AVRIL
Hier, un bandit masque a attaqué les voyageurs de première classe du train Paris-Nice. Il a volé *(stole)* cinq montres en or, dix appareils-photo et trois oiseaux exotiques dans leurs cages. La police a arrêté un suspect.

____

____

____

____

____

____

____

____

____

5. Composition libre (30 points: 5 per sentence)

Choisissez un des sujets suivants et écrivez un paragraphe de six phrases.

A. Vous écrivez à une amie pour lui dire ce que vous ferez pendant vos vacances d'été.

B. Vous écrivez pour un magazine de voyages un petit article où vous expliquez pourquoi vous adorez voyager en train (ou en avion).

C. Il est toujours permis de rêver! Dans votre journal, vous écrivez ce que vous feriez si vous gagniez à la loterie.

Sujet ____

Nom ____

Classe ______________________ Date ______________

Discovering FRENCH Nouveau!

ROUGE

UNITÉ 5 Multiple Choice Test Items

Partie 1

1. Avez-vous une pièce d'identité? —Oui, j'ai ______.
   a. un visa
   b. un sac
   c. un permis de conduire
2. Tu vas passer quelques mois en France? —Oui, j'y vais pour ______.
   a. visiter
   b. faire un séjour
   c. déclarer
3. Pourquoi apprends-tu l'espagnol? —C'est parce que je vais visiter ______ cet été.
   a. le Mexique
   b. la Grèce
   c. le Portugal
4. Vont-ils voyager à l'étranger? —Oui, ils vont passer quelques semaines ______ Russie.
   a. à
   b. en
   c. au
5. À la douane, je n'ai eu rien à ______.
   a. contrôler
   b. faire
   c. déclarer
6. Pour aller à l'étranger, il faut avoir ______.
   a. un passeport
   b. un sac à dos
   c. un permis de conduire
7. Elle va visiter quel pays?
   a. Paris.
   b. La Grèce.
   c. En Suisse.
8. As-tu beaucoup de bagages? —Non, je n'ai pris ______.
   a. que des valises
   b. que des sacs
   c. qu'un bagage à main
9. Est-ce que tes amis français viennent ______ États-Unis cet été?
   a. aux
   b. en
   c. les
10. Quand mon frère et ma soeur ont fait un voyage à l'étranger, ils n'ont pas pris de valises. Au lieu de valises, ils ont pris deux ______.
    a. séjours
    b. sacs à dos
    c. passeports

URB p. 112

11. —Vois-tu quelqu'un dans la rue?
    —Non, je ne vois ______.
    a. rien
    b. quelqu'un
    c. personne
12. —As-tu voyagé quelque part pendant les vacances?
    —Non, je n'ai voyagé ______.
    a. pas
    b. nulle part
    c. personne
13. —Est-ce que ta soeur parle grec?
    —Non, elle ne parle ______ français.
    a. pas
    b. de
    c. que
14. —Vous avez de l'argent?
    —Non, ______.
    a. je n'ai que de chèques de voyage.
    b. je n'ai que des chèques de voyage.
    c. je n'ai que des dollars.
15. —Est-ce que vous avez acheté quelque chose?
    —Non, je n'ai ______ acheté.
    a. personne
    b. aucun
    c. rien
16. Personne ______ ces photos.
    a. a vu
    b. n'a vu
    c. ont vu
17. —À part le français, parlez-vous d'autres langues?
    —Non, je ne parle ______ français.
    a. que
    b. pas
    c. ni
18. Élisabeth ______ aucun cadeau en France.
    a. n'a pas acheté
    b. n'achète pas
    c. n'a acheté
19. —Tu prends de la viande seulement au restaurant?
    —Oui, je ne mange ______.
    a. que de la viande au restaurant
    b. de la viande qu'au restaurant
    c. pas la viande au restaurant
20. Ils n'achètent que ______.
    a. de légumes
    b. légumes
    c. des légumes

Nom ______________________________

Classe ______________________ Date ______________

Partie 2

1. À l'agence de voyage, on peut ______ une voiture.
   a. acheter
   b. louer
   c. obtenir

2. À l'aéroport, j'ai présenté mon passeport ______.
   a. au douanier
   b. au pilote
   c. à l'hôtesse de l'air

3. —Vas-tu rester à New York?
   —Non, j'ai acheté ______.
   a. un aller simple
   b. un aller et retour
   c. un billet

4. Ma cousine s'est cassé la jambe, et elle a ______ son voyage.
   a. embarqué
   b. décollé
   c. annulé

5. Avant de partir en avion, il faut ______ la réservation.
   a. décoller
   b. enregister
   c. confirmer

6. Avant de monter dans leur train, les passagers doivent ______ le billet sur le quai.
   a. attendre
   b. composter
   c. rater

7. À la gare, on peut laisser les valises ______.
   a. à la consigne
   b. au guichet
   c. à la sortie

8. Nous arrivons en France bientôt! L'avion va ______ dans quelques minutes.
   a. décoller
   b. débarquer
   c. atterrir

9. Mes cousins ______ demain.
   a. partira
   b. partiront
   c. partiras

10. Quand nous irons en France, nous ______ la Tour Eiffel.
    a. voyons
    b. avons vu
    c. verrons

11. Nous avons raté le train! Que ______ -nous?
    a. ferons
    b. faisons
    c. fassions

12. ______ -tu venir avec nous la semaine prochaine?
    a. Pourrai
    b. Pourrez
    c. Pourras

13. Si François ne se dépêche pas, il ______ le train.
    a. rate
    b. ratera
    c. a raté

14. Dès que j'arriverai en Grèce, je ______ à sa cousine.
    a. téléphonerai
    b. téléphone
    c. téléphonais

15. Si j'______ de l'argent, je ferais un voyage à l'étranger.
    a. aurai
    b. ai
    c. avais

16. Nous irons à la plage aussitôt que nous ______ à Nice.
    a. arrivons
    b. arriver
    c. arriverons

17. Si c'était les vacances, Paul n'______ pas.
    a. étudiera
    b. étudierait
    c. étudait

18. Si c'était les vacances, mes copines ______ à la plage.
    a. iront
    b. vont
    c. iraient

19. Si c'était les vacances, tu __________ un long voyage.
    a. ferais
    b. feras
    c. faisais

20. Si c'était les vacances, je __________ beaucoup de livres!
    a. lisais
    b. lirais
    c. lira

Nom ______________________________

Classe ______________________ Date ______________

Discovering FRENCH *Nouveau!*

ROUGE

LESSON QUIZ: ANSWER SHEET

UNITÉ ___, Partie ___

1. a. ____ b. ____ c. ____ d. ____ e. ____ f. ____ g. ____
2. a. ____ b. ____ c. ____ d. ____ e. ____ f. ____ g. ____
3. a. ____ b. ____ c. ____ d. ____ e. ____ f. ____ g. ____
4. a. ____ b. ____ c. ____ d. ____ e. ____ f. ____ g. ____
5. a. ____ b. ____ c. ____ d. ____ e. ____ f. ____ g. ____
6. a. ____ b. ____ c. ____ d. ____ e. ____ f. ____ g. ____
7. a. ____ b. ____ c. ____ d. ____ e. ____ f. ____ g. ____
8. a. ____ b. ____ c. ____ d. ____ e. ____ f. ____ g. ____
9. a. ____ b. ____ c. ____ d. ____ e. ____ f. ____ g. ____
10. a. ____ b. ____ c. ____ d. ____ e. ____ f. ____ g. ____
11. a. ____ b. ____ c. ____ d. ____ e. ____ f. ____ g. ____
12. a. ____ b. ____ c. ____ d. ____ e. ____ f. ____ g. ____
13. a. ____ b. ____ c. ____ d. ____ e. ____ f. ____ g. ____
14. a. ____ b. ____ c. ____ d. ____ e. ____ f. ____ g. ____
15. a. ____ b. ____ c. ____ d. ____ e. ____ f. ____ g. ____
16. a. ____ b. ____ c. ____ d. ____ e. ____ f. ____ g. ____
17. a. ____ b. ____ c. ____ d. ____ e. ____ f. ____ g. ____
18. a. ____ b. ____ c. ____ d. ____ e. ____ f. ____ g. ____
19. a. ____ b. ____ c. ____ d. ____ e. ____ f. ____ g. ____
20. a. ____ b. ____ c. ____ d. ____ e. ____ f. ____ g. ____
21. a. ____ b. ____ c. ____ d. ____ e. ____ f. ____ g. ____
22. a. ____ b. ____ c. ____ d. ____ e. ____ f. ____ g. ____
23. a. ____ b. ____ c. ____ d. ____ e. ____ f. ____ g. ____
24. a. ____ b. ____ c. ____ d. ____ e. ____ f. ____ g. ____
25. a. ____ b. ____ c. ____ d. ____ e. ____ f. ____ g. ____
26. a. ____ b. ____ c. ____ d. ____ e. ____ f. ____ g. ____
27. a. ____ b. ____ c. ____ d. ____ e. ____ f. ____ g. ____
28. a. ____ b. ____ c. ____ d. ____ e. ____ f. ____ g. ____
29. a. ____ b. ____ c. ____ d. ____ e. ____ f. ____ g. ____
30. a. ____ b. ____ c. ____ d. ____ e. ____ f. ____ g. ____
31. a. ____ b. ____ c. ____ d. ____ e. ____ f. ____ g. ____
32. a. ____ b. ____ c. ____ d. ____ e. ____ f. ____ g. ____
33. a. ____ b. ____ c. ____ d. ____ e. ____ f. ____ g. ____
34. a. ____ b. ____ c. ____ d. ____ e. ____ f. ____ g. ____
35. a. ____ b. ____ c. ____ d. ____ e. ____ f. ____ g. ____

Nom ____

Classe ______________________ Date ______________

Discovering FRENCH Nouveau!
ROUGE

LESSON QUIZ: MACHINE-SCORE ANSWER SHEET

UNITÉ ___, Partie ___

Instructions

Please use a No. 2 pencil only. Make heavy black marks that fill the circle completely. Do not make any stray marks on this answer sheet. Make all erasures cleanly.

	A	B	C	D	E	F	G
1	①	②	③	④	⑤	⑥	⑦
2	①	②	③	④	⑤	⑥	⑦
3	①	②	③	④	⑤	⑥	⑦
4	①	②	③	④	⑤	⑥	⑦
5	①	②	③	④	⑤	⑥	⑦
6	①	②	③	④	⑤	⑥	⑦
7	①	②	③	④	⑤	⑥	⑦
8	①	②	③	④	⑤	⑥	⑦
9	①	②	③	④	⑤	⑥	⑦
10	①	②	③	④	⑤	⑥	⑦
11	①	②	③	④	⑤	⑥	⑦
12	①	②	③	④	⑤	⑥	⑦
13	①	②	③	④	⑤	⑥	⑦
14	①	②	③	④	⑤	⑥	⑦
15	①	②	③	④	⑤	⑥	⑦
16	①	②	③	④	⑤	⑥	⑦
17	①	②	③	④	⑤	⑥	⑦
18	①	②	③	④	⑤	⑥	⑦
19	①	②	③	④	⑤	⑥	⑦
20	①	②	③	④	⑤	⑥	⑦
21	①	②	③	④	⑤	⑥	⑦
22	①	②	③	④	⑤	⑥	⑦
23	①	②	③	④	⑤	⑥	⑦
24	①	②	③	④	⑤	⑥	⑦
25	①	②	③	④	⑤	⑥	⑦
26	①	②	③	④	⑤	⑥	⑦
27	①	②	③	④	⑤	⑥	⑦
28	①	②	③	④	⑤	⑥	⑦
29	①	②	③	④	⑤	⑥	⑦
30	①	②	③	④	⑤	⑥	⑦
31	①	②	③	④	⑤	⑥	⑦
32	①	②	③	④	⑤	⑥	⑦
33	①	②	③	④	⑤	⑥	⑦
34	①	②	③	④	⑤	⑥	⑦
35	①	②	③	④	⑤	⑥	⑦
36	①	②	③	④	⑤	⑥	⑦

Nom ____________________

Classe ____________________ Date ____________________

Discovering FRENCH Nouveau!

ROUGE

LESSON QUIZZES: STUDENT PROGRESS CHART

Name ____________________ Class ____________________

Grades ☐ 1st quarter ☐ 2nd quarter ☐ 3rd quarter ☐ 4th quarter

LESSON QUIZ SCORES The maximum score for each Lesson Quiz is 100 points.

LESSON QUIZ	1	2	3	4	5	6	7	8	9	10	11
Date											
Score											

LESSON QUIZ	12	13	14	15	16	17	18	19	20	21	22
Date											
Score											

LESSON QUIZ	23	24	25	26	27	28	29	30	31	32	33
Date											
Score											

LESSON QUIZ	34	35	36	37	38	39	40	41	42	43	44
Date											
Score											

Nom ____

Classe ______________________ Date ______________

Discovering FRENCH Nouveau!
ROUGE

READING AND CULTURE QUIZZES: MACHINE-SCORE TEST SHEET

UNITÉ ___, Partie ___

Instructions

Please use a No. 2 pencil only. Make heavy black marks that fill the circle completely. Do not make any stray marks on this answer sheet. Make all erasures cleanly.

	A	B	C	D	E	F	G
1	①	②	③	④	⑤	⑥	⑦
2	①	②	③	④	⑤	⑥	⑦
3	①	②	③	④	⑤	⑥	⑦
4	①	②	③	④	⑤	⑥	⑦
5	①	②	③	④	⑤	⑥	⑦
6	①	②	③	④	⑤	⑥	⑦
7	①	②	③	④	⑤	⑥	⑦
8	①	②	③	④	⑤	⑥	⑦
9	①	②	③	④	⑤	⑥	⑦
10	①	②	③	④	⑤	⑥	⑦
11	①	②	③	④	⑤	⑥	⑦
12	①	②	③	④	⑤	⑥	⑦
13	①	②	③	④	⑤	⑥	⑦
14	①	②	③	④	⑤	⑥	⑦
15	①	②	③	④	⑤	⑥	⑦
16	①	②	③	④	⑤	⑥	⑦
17	①	②	③	④	⑤	⑥	⑦
18	①	②	③	④	⑤	⑥	⑦
19	①	②	③	④	⑤	⑥	⑦
20	①	②	③	④	⑤	⑥	⑦
21	①	②	③	④	⑤	⑥	⑦
22	①	②	③	④	⑤	⑥	⑦
23	①	②	③	④	⑤	⑥	⑦
24	①	②	③	④	⑤	⑥	⑦
25	①	②	③	④	⑤	⑥	⑦
26	①	②	③	④	⑤	⑥	⑦
27	①	②	③	④	⑤	⑥	⑦
28	①	②	③	④	⑤	⑥	⑦
29	①	②	③	④	⑤	⑥	⑦
30	①	②	③	④	⑤	⑥	⑦
31	①	②	③	④	⑤	⑥	⑦
32	①	②	③	④	⑤	⑥	⑦
33	①	②	③	④	⑤	⑥	⑦
34	①	②	③	④	⑤	⑥	⑦
35	①	②	③	④	⑤	⑥	⑦
36	①	②	③	④	⑤	⑥	⑦

Nom ____

Classe ______________________ Date ______________

Discovering FRENCH *Nouveau!*
ROUGE

LISTENING PERFORMANCE TEST: ANSWER SHEET

UNITÉ ___, Partie ___

1. a. ____ b. ____ c. ____ d. ____ e. ____ f. ____ g. ____
2. a. ____ b. ____ c. ____ d. ____ e. ____ f. ____ g. ____
3. a. ____ b. ____ c. ____ d. ____ e. ____ f. ____ g. ____
4. a. ____ b. ____ c. ____ d. ____ e. ____ f. ____ g. ____
5. a. ____ b. ____ c. ____ d. ____ e. ____ f. ____ g. ____
6. a. ____ b. ____ c. ____ d. ____ e. ____ f. ____ g. ____
7. a. ____ b. ____ c. ____ d. ____ e. ____ f. ____ g. ____
8. a. ____ b. ____ c. ____ d. ____ e. ____ f. ____ g. ____
9. a. ____ b. ____ c. ____ d. ____ e. ____ f. ____ g. ____
10. a. ____ b. ____ c. ____ d. ____ e. ____ f. ____ g. ____
11. a. ____ b. ____ c. ____ d. ____ e. ____ f. ____ g. ____
12. a. ____ b. ____ c. ____ d. ____ e. ____ f. ____ g. ____
13. a. ____ b. ____ c. ____ d. ____ e. ____ f. ____ g. ____
14. a. ____ b. ____ c. ____ d. ____ e. ____ f. ____ g. ____
15. a. ____ b. ____ c. ____ d. ____ e. ____ f. ____ g. ____
16. a. ____ b. ____ c. ____ d. ____ e. ____ f. ____ g. ____
17. a. ____ b. ____ c. ____ d. ____ e. ____ f. ____ g. ____
18. a. ____ b. ____ c. ____ d. ____ e. ____ f. ____ g. ____
19. a. ____ b. ____ c. ____ d. ____ e. ____ f. ____ g. ____
20. a. ____ b. ____ c. ____ d. ____ e. ____ f. ____ g. ____
21. a. ____ b. ____ c. ____ d. ____ e. ____ f. ____ g. ____
22. a. ____ b. ____ c. ____ d. ____ e. ____ f. ____ g. ____
23. a. ____ b. ____ c. ____ d. ____ e. ____ f. ____ g. ____
24. a. ____ b. ____ c. ____ d. ____ e. ____ f. ____ g. ____
25. a. ____ b. ____ c. ____ d. ____ e. ____ f. ____ g. ____
26. a. ____ b. ____ c. ____ d. ____ e. ____ f. ____ g. ____
27. a. ____ b. ____ c. ____ d. ____ e. ____ f. ____ g. ____
28. a. ____ b. ____ c. ____ d. ____ e. ____ f. ____ g. ____
29. a. ____ b. ____ c. ____ d. ____ e. ____ f. ____ g. ____
30. a. ____ b. ____ c. ____ d. ____ e. ____ f. ____ g. ____

Nom ______________________________

Classe ______________________ Date ______________

Discovering FRENCH Nouveau!

ROUGE

LISTENING PERFORMANCE TEST: MACHINE-SCORE ANSWER SHEET

UNITÉ ___, Partie ___

Instructions

Please use a No. 2 pencil only. Make heavy black marks that fill the circle completely. Do not make any stray marks on this answer sheet. Make all erasures cleanly.

	A	B	C	D	E	F	G
1	①	②	③	④	⑤	⑥	⑦
2	①	②	③	④	⑤	⑥	⑦
3	①	②	③	④	⑤	⑥	⑦
4	①	②	③	④	⑤	⑥	⑦
5	①	②	③	④	⑤	⑥	⑦
6	①	②	③	④	⑤	⑥	⑦
7	①	②	③	④	⑤	⑥	⑦
8	①	②	③	④	⑤	⑥	⑦
9	①	②	③	④	⑤	⑥	⑦
10	①	②	③	④	⑤	⑥	⑦
11	①	②	③	④	⑤	⑥	⑦
12	①	②	③	④	⑤	⑥	⑦
13	①	②	③	④	⑤	⑥	⑦
14	①	②	③	④	⑤	⑥	⑦
15	①	②	③	④	⑤	⑥	⑦
16	①	②	③	④	⑤	⑥	⑦
17	①	②	③	④	⑤	⑥	⑦
18	①	②	③	④	⑤	⑥	⑦
19	①	②	③	④	⑤	⑥	⑦
20	①	②	③	④	⑤	⑥	⑦
21	①	②	③	④	⑤	⑥	⑦
22	①	②	③	④	⑤	⑥	⑦
23	①	②	③	④	⑤	⑥	⑦
24	①	②	③	④	⑤	⑥	⑦
25	①	②	③	④	⑤	⑥	⑦
26	①	②	③	④	⑤	⑥	⑦
27	①	②	③	④	⑤	⑥	⑦
28	①	②	③	④	⑤	⑥	⑦
29	①	②	③	④	⑤	⑥	⑦
30	①	②	③	④	⑤	⑥	⑦
31	①	②	③	④	⑤	⑥	⑦
32	①	②	③	④	⑤	⑥	⑦
33	①	②	③	④	⑤	⑥	⑦
34	①	②	③	④	⑤	⑥	⑦
35	①	②	③	④	⑤	⑥	⑦
36	①	②	③	④	⑤	⑥	⑦

SPEAKING PERFORMANCE TEST: ANSWER SHEET

UNITÉ ___, Partie ___

SCORING SHEET

Conversation: **A B C D E F G H I J K L (circle one)**

	A	**B**	**C**	**D**	**F**	**O**
Question 1	5	4	3	2	1	0
Question 2	5	4	3	2	1	0
Question 3	5	4	3	2	1	0
Question 4	5	4	3	2	1	0
Question 5	5	4	3	2	1	0

Total Score: ___ + ___ + ___ + ___ + ___ + ___

Comments:

Scoring Criteria

A Responses are complete, comprehensible to a native speaker, and quite accurate.

B Responses are quite complete, comprehensible to a native speaker, with some mistakes.

C Responses are fairly complete, difficult to understand for native speakers unfamiliar with English, with many grammar mistakes.

D The responses are often incomplete and are frequently difficult to understand.

F A native speaker would understand fewer than half the responses.

O Did not respond.

Contrôle de l'Unité 5

À L'ÉCOUTE

CD 14, Track 19

A. Quelle vie!

Écoutez Éric qui parlera de son avenir. Son récit sera répété. Ensuite, vous entendrez cinq phrases. Déterminez si elles sont vraies ou fausses et encerclez la bonne réponse. Chaque phrase sera répétée.

D'abord, écoutez l'histoire.

Salut! Je m'appelle Éric et dans trois semaines je recevrai mon diplôme d'un lycée américain. Juste après la cérémonie de remise des diplômes, je compte faire un séjour linguistique à l'étranger. J'irai à Paris où je vivrai avec une famille française pendant un mois. Ensuite, ma copine viendra me rejoindre et nous irons en Touraine voir les beaux châteaux de la Loire. Là, on louera des vélos pour bien visiter la région. À ce moment-là, ma copine rentrera aux États-Unis. Puis, je rentrerai à Paris fin juillet pour voir l'arrivée du Tour de France. J'aimerais y participer un jour, mais il faudrait que je m'entraîne beaucoup avant cela. En août, je prendrai l'avion pour le Sénégal, un grand pays africain où je rendrai visite à mon oncle. Quelle vie!

Écoutez à nouveau l'histoire.

Maintenant écoutez les phrases et marquez si elles sont vraies ou fausses. Chaque phrase sera répétée. Commençons.

1. Éric recevra son diplôme dans trois semaines.
2. Il vivra avec une famille parisienne pendant deux mois.
3. Il louera une auto pour visiter la Touraine.
4. Éric participera au Tour de France cet été.
5. En août il rendra visite à son oncle au Sénégal.

CD 14, Track 20

B. Réponses logiques

Vous allez entendre une série de questions. Pour chaque question, la réponse est incomplète. Encerclez le mot ou l'expression qui complète la réponse le plus logiquement. Chaque question sera répétée. D'abord, écoutez le modèle.

Modèle: Quand les étudiants voyagent, qu'est-ce qu'ils prennent comme bagages?
—Ils prennent souvent . . .
La réponse correcte est **b: un sac à dos.**

Commençons.

1. Normalement, le vol de Nice arrive à trois heures, mais aujourd'hui il a dix minutes d'avance. Quand est-ce que le vol arrivera aujourd'hui?
   —Il arrivera . . .
2. Qu'est-ce que les passagers doivent faire à l'arrivée du vol?
   —Ils doivent . . .
3. Qu'est-ce qu'il faut présenter au contrôle des passeports?
   —Il faut présenter . . .
4. Dans quel pays est-ce que tu vas aller cet été?
   —Je vais . . .
5. Jean-Claude a rapporté des cadeaux pour ses amis. Qu'est-ce qu'il doit faire à la douane?
   —Il doit . . .

Contrôle de l'Interlude culturel 5

À L'ÉCOUTE

CD 14, Track 21

A. Dictée

Vouz allez entendre un extrait de l'hymne national français «La Marseillaise». Écoutez bien et complétez les phrases avec les mots qui manquent. Faites attention aux accents! L'extrait sera répété.

Commençons.

<u>Allons</u> enfants de la <u>patrie</u>,
Le jour de <u>gloire</u> est <u>arrivé</u>!
<u>Contre</u> nous de la <u>tyrannie</u>,
<u>L'étendard</u> sanglant est levé,
L'étendard sanglant est levé.
<u>Entendez</u>-vous dans les <u>campagnes</u>,
Mugir ces <u>féroces</u> soldats?
<u>Qui viennent</u> jusque dans nos <u>bras</u>
Égorger nos <u>fils</u>, nos <u>compagnes</u>.
Aux <u>armes</u>, Citoyens!
<u>Formez</u> vos bataillons!
<u>Marchons</u>, marchons!
<u>Qu'un sang</u> impur abreuve nos sillons!

Listening Comprehension Performance Test

A. SCÈNES

CD 14, Track 22

Scène 1

Vous allez entendre cinq phrases. Écoutez bien chaque phrase et déterminez à quelle image elle se réfère. Ensuite entourez la lettre qui correspond à l'image. Chaque phrase sera répétée. Il n'y a pas de modèle.

1. Non, je n'ai rien à déclarer.
2. Moi, je voudrais bien aller en Afrique.
3. J'ai deux valises et un sac à dos.
4. Moi, je voudrais mieux connaître la Martinique.
5. Un moment, je cherche ma carte d'identité.

CD 14, Track 23

Scène 2

Vous allez entendre cinq phrases. Écoutez bien chaque phrase et déterminez à quelle image elle se réfère. Ensuite entourez la lettre qui correspond à l'image. Chaque phrase sera répétée. D'abord, écoutez le modèle.

Modèle ▶ Il faut monter dans le wagon! Le départ est dans deux minutes!

Avez-vous bien entouré la lettre **b?** C'est la bonne réponse. Commençons. Écoutez.

6. Ils vont enregistrer leurs bagages au comptoir.
7. Ils doivent passer par la douane.
8. Elle vient de composter son billet.
9. Ils embarquent.
10. Elles achètent des billets.

B. CONTEXTES

Contexte 1

CD 14, Track 24

Vous allez entendre trois conversations incomplètes. Pour chaque conversation, lisez les trois suites proposées et entourez la lettre qui correspond à la suite appropriée. Puis répondez aux questions. Commençons. Écoutez.

Conversation 1

Nicole et Sylvain discutent de leurs projets de vacances.

SYLVAIN: Dis, Nicole, qu'est-ce que tu voudrais faire cet été?
NICOLE: J'ai vraiment envie de voyager. Et toi, Sylvain?
SYLVAIN: Moi aussi, je rêve de voyager!
NICOLE: Je voudrais aller au Portugal ou en Grèce . . .
SYLVAIN: Un séjour en Italie, ça serait génial! Mais je n'ai pas d'argent!
NICOLE: Moi non plus, je suis complètement fauchée. Nous ne pourrons pas faire de séjour à l'étranger cette année!

Écoutez à nouveau et vérifiez votre réponse.

CD 14, Track 25

Conversation 2

Caroline se présente au contrôle des passeports.

L'AGENT: Bonjour, mademoiselle, et bienvenue en France.
CAROLINE: Bonjour monsieur. Oh là là! Je suis si contente d'être arrivée!
L'AGENT: C'est votre premier voyage en France, mademoiselle?
CAROLINE: Oui. Je viens en France rendre visite à des amis qui habitent Lyon.
L'AGENT: Combien de temps va durer votre séjour?
CAROLINE: Je vais rester trois semaines en France.
L'AGENT: Parfait. Avez-vous une pièce d'identité?

Écoutez à nouveau et vérifiez votre réponse.

CD 14, Track 26

Conversation 3

Jean-Philippe et Martine parlent des pays qu'ils aimeraient visiter.

JEAN-PHILIPPE: Il y a tellement de pays que je voudrais visiter!
MARTINE: Jean-Philippe, si tu voulais un séjour sportif où aimerais-tu aller?
JEAN-PHILIPPE: Comme j'aime les sports d'hiver, je préférerais aller dans les pays du nord. La Norvège ou la Suède, par exemple.
MARTINE: Là, tu pourrais faire du ski, c'est sûr.

JEAN-PHILIPPE: Et toi, Martine, quelle région d'Europe aimerais-tu visiter?
MARTINE: J'aimerais aller là où le soleil brille toute la journée. J'adore la plage.

Écoutez à nouveau et vérifiez votre réponse.

Contexte 2

CD 14, Track 27

Vous allez entendre trois conversations incomplètes. Pour chaque conversation, lisez les trois suites proposées et entourez la lettre qui correspond à la suite appropriée. Puis répondez aux questions. Commençons. Écoutez.

Conversation 1

Thérèse se présente au comptoir Air-France.

L'AGENT: Bonjour, mademoiselle. Votre billet, s'il vous plaît.
THÉRÈSE: Voilà, monsieur. Mon billet pour Genève.
L'AGENT: Voyons . . . Thérèse Lenoir . . . Classe touriste, vol numéro 218 Paris-Genève. Parfait.
THÉRÈSE: Oui. À quelle heure décolle l'avion, monsieur?
L'AGENT: À midi dix. Vous préférez une place près de la fenêtre ou près du couloir?
THÉRÈSE: Oh! Près de la fenêtre, si c'est possible! J'adore voir les montagnes de haut.
L'AGENT: Très bien, alors, vous aurez le siège numéro 23A. Voilà, ça c'est pour vous.
THÉRÈSE: Qu'est-ce que c'est?

Écoutez à nouveau et vérifiez votre réponse.

CD 14, Track 28

Conversation 2

Marc et Alice viennent d'arriver à l'aéroport.

MARC: Tiens, Alice, tu as quel siège?
ALICE: Je ne sais pas. Je n'ai pas encore ma carte d'embarquement.
MARC: Comment? Tu ne l'as pas? J'ai eu la mienne à l'agence de voyages.
ALICE: Je n'ai que mon billet. Qu'est-ce que je dois faire?

Écoutez à nouveau et vérifiez votre réponse.

CD 14, Track 29

Conversation 3

Éric et Martine sont à bord d'un avion qui est prêt à décoller.

ÉRIC: Tiens, Martine. Mets tes bagages à main sous le siège devant toi.
MARTINE: Mais regarde, Éric, je les ai déjà mis!
ÉRIC: Et le steward vient d'annoncer qu'il ne faut pas fumer.
MARTINE: Mais Éric, je ne fume pas.
ÉRIC: Maintenant nous allons décoller. Attache ta ceinture de sécurité.

Écoutez à nouveau et vérifiez votre réponse.

ROUGE

UNITÉ 5 ANSWER KEY

Lesson Quizzes

Partie 1: Le petit examen 1
(Version A)

(Vocabulaire: les voyages/Les expressions négatives)

A. Un voyage.

1. c
2. d
3. e
4. b
5. a, g (either order)

B. Le contraire.

6. personne
7. rien
8. nulle part
9. aucune
10. (a) ni
    (b) ni

Partie 1: Le petit examen 1
(Version B)

(Vocabulaire: les voyages/Les expressions négatives)

A. Un voyage.

1. c
2. d
3. e
4. b
5. g
6. b
7. e
8. f
9. a
10. c

Partie 2: Le petit examen 2
(Vocabulaire: partons en voyage)

A. Partons en voyage.

I.
1. b
2. e
3. g
4. a
5. d

II.
6. d
7. f
8. e
9. g
10. b

Partie 2: Le petit examen 3
(Version A)

(Le futur)

A. Le futur.

1. arriverons
2. réussirez
3. vendra
4. irai
5. verront
6. seras
7. pourra
8. achèterez
9. feront
10. ferai

Partie 2: Le petit examen 3
(Version B)

(Le futur)

A. Le futur.

1. a
2. b
3. a
4. b
5. b10. a
6. a
7. b
8. b
9. b

Partie 2: Le petit examen 4
(Version A)

(Le conditionnel)

A. Les verbes.

1. b
2. a
3. a
4. b
5. a

B. Si j'étais riche . . . .

6. ferais
7. irions
8. paieraient
9. voyagerais
10. aurait

Partie 2: Le petit examen 4
(Version B)

(Le conditionnel)

A. Les verbes.

1. b
2. a
3. a
4. b
5. a

B. Si j'étais riche . . . .

6. b
7. a
8. b
9. a
10. b

Video activities

Vidéo-drame

Activité 1. Anticipe un peu!

a. 4
b. 2
c. 1
d. 5
e. 3

Activité 2. Vérifie!

Same as Activité 1

Activité 3. Vrai ou faux ?

1. Faux; Quand Malik arrive chez les Pasquier, Nicolas essaie de préparer son voyage pour l'Irlande.
2. Faux; Nicolas va passer les vacances de Pâques en Irlande.
3. Vrai
4. Faux; Nicolas va prendre un vol direct de Paris à Dublin.
5. Vrai
6. Faux; Quand Nicolas fait ses valises, il laisse son billet de train sur son lit.
7. Vrai

Activité 4. Nicolas prépare son voyage

1. b
2. b
3. a
4. a
5. a
6. b

Activité 5. N'oublie pas les choses de la liste!

1. du sac à dos	oui
2. de la carte d'identité	non
3. de la carte d'embarquement	oui
4. des bagages	oui
5. du permis de conduire	non
6. du passeport	oui
7. du bagage à main	non
8. du billet d'avion	oui

Activité 6. Aide-moi à préparer mon voyage!

Answers will vary.

Activité 7. Ton voyage d'été

Answers will vary.

Vignette culturelle

Activité 1. Tes connaissances

1. Francis Scott Key, during the War of 1812

Answers will vary.

Activité 2. La vie de Rouget de Lisle

1. noble
2. la Révolution française
3. à la guillotine
4. Chant de guerre pour l'armée du Rhin
5. la poésie / du violon
6. le maire de Strasbourg

Activité 3. Images de la chanson

Answers will vary.

Activité 4. Quelle est la bonne réponse?

1. b
2. a
3. c
4. c
5. a

Activité 5. La Marseillaise

Answers will vary.

Contrôle de l'Unité 5

À l'écoute

A. Quelle vie! (10 points; 2 points per item)

1. a
2. b
3. b
4. b
5. a

B. Réponses logiques (10 points; 2 points per item)

1. a
2. c
3. b
4. b
5. c

À l'écrit

C. Questions personnelles: En voyage (15 points; 3 points per sentence)

Sample answers:

1. Pour voyager à l'étranger, il me faut un passeport.
2. Dans une agence de voyages, on peut acheter un billet d'avion/louer une voiture.
3. Dans un avion, je préfère avoir une place près de la fenêtre.
4. Je pense qu'il vaut mieux prendre un vol direct pour aller à Paris, on arrive plus vite!
5. Quand j'arrive à l'aéroport, je dois aller chercher ma valise à la livraison des bagages/et passer à la douane.

D. À la douane (15 points; 3 points per sentence)

Sample answers:

1. Non, je n'ai rien à déclarer.
2. Non, je ne transporte ni plantes ni nourriture.
3. Non, je n'ai pas d'argent liquide sur moi.
4. Non, personne ne m'a donné quelque chose à porter.
5. Non, je n'ai que cette valise.

E. Les grandes vacances (10 points; 1 point per item)

1. ferai
2. partirai
3. resterons
4. dormirai
5. donnera
6. dînera
7. (j')irai
8. irons
9. passerons
10. viendras

F. Pouvez-vous prédire votre avenir? (15 points; 3 points per sentence)

Sample answers:

1. . . . serai riche.
2. . . . quitterai l'université.
3. . . . irons à Tahiti.
4. . . . sera marié(e).
5. . . . courront dans le Tour de France.

G. Que ferez-vous? (8 points; 2 points per sentence)
Sample answers:
1. Quand je gagnerai à la loterie, je voyagerai au Japon.
2. J'achèterai un VTT dès que j'aurai assez d'argent.
3. J'enverrai un cadeau à ma cousine lorsque ce sera son anniversaire.
4. J'obtiendrai mon diplôme aussitôt que je pourrai.

H. Si on . . . (8 points; 2 points per item)
Sample answers:
1. . . . ferais un voyage à Paris cet été.
2. . . . achètera des billets.
3. . . . devras attendre le train suivant.
4. . . . verrions tous les tableaux du musée.

I. Et si vous aviez un million de dollars, que feriez-vous? (9 points; 3 points per item)
Sample answer:
Je voyagerais dans le monde entier. J'aiderais ma famille et mes amis. J'en donnerais une partie à des organisations comme Médecins sans frontières.

Reading and Culture Quizzes and Tests

INFO Magazine (100 points: 20 points per item)

Le passion des voyages
Leurs destinations préférées
Impressions d'Amérique

Student Text, p. 187
1. a
2. c
3. b
4. a
5. a

INFO Magazine (100 points: 20 points per item)

La France en train
L'Eurotunnel

Student Text, p. 194
1. b
2. c
3. b
4. c
5. b

LECTURE QUIZ Le mystérieux homme en bleu (Version A) (100 points: 20 points per item)

Trouvez l'intrus
1. c
2. b
3. c
4. a
5. a

LECTURE QUIZ Le mystérieux homme en bleu (Version B) (100 points: 10 points per item)

Le choix logique
1. b
2. a
3. c
4. b
5. a
6. c
7. c
8. b
9. c
10. c

INTERLUDE CULTUREL 5 Les grands moments de l'histoire de France (1715–1870) (Version A)

A. Vrai/Faux (25 points: 5 points per item)
1. b
2. b
3. a
4. b
5. a

B. Questions à choix multiple (75 points: 5 per item)
6. b
7. c
8. c
9. a
10. a
11. c
12. a
13. b
14. b
15. a
16. c
17. a
18. c
19. b
20. a

INTERLUDE CULTUREL 5 Les grands moments de l'histoire de France (1715–1870) (Version B)

A. Le choix logique (50 points: 5 points per item)
1. b
2. a
3. a
4. b
5. c
6. b
7. c
8. a
9. b
10. c

B. Vrai/Faux (20 points: 4 points per item)
1. Vrai
2. Vrai
3. Faux
4. Faux
5. Vrai

C. La bonne réponse (30 points: 6 points per item)
1. *Answers may include five of the following:* la Déclaration des droits de l'homme; la devise de la France («Liberté, égalité, fraternité»); la fête nationale du 14 juillet; le drapeau français; Marianne, symbole de la République; le musée du Louvre; les départements français; le franc et la monnaie française; le système métrique; l'armée nationale; l'hymne national de la France, la «Marseillaise». [pp. 218–223]
2. Pendant l'Ancien Régime (entre le 15e siècle et 1789) la France était une monarchie et la société française était divisée en trois ordres: le clergé, la noblesse, et le Tiers État. [p. 218]
3. En anglais: *Liberty enables one to do anything that does not endanger anyone else.* Answers will vary. [p. 218]
4. Immortalisé par Victor Hugo dans Les Misérables, Gavroche est l'éternel «gamin de Paris». Il a une douzaine d'années. On ne sait où il vit, ne de quoi il vit. Sa vraie famille, c'est le petit peuple du quartier où il passe ses jours et ses nuits . . . . Quand la Révolution éclate, il monte sur les barricades. Frappé par une balle, il meurt héroïquement . . . [p. 225]
5. C'est la fête nationale qui commémore la prise de la Bastille par les Parisiens le 14 juillet 1789. Par ce geste symbolique, la population mettait en question le pouvoir royal . . . Ce n'est qu'en 1880 que la date du 14 juillet a été adoptée comme fête nationale. [p. 219]

CONTRÔLE DE L'INTERLUDE CULTUREL 5

À l'écoute

A. Dictée: «La Marseillaise» (20 points total: 1 point per word)

Allons enfants de la **patrie.**
Le jour de **gloire** est **arrivé!**
Contre nous de la **tyrannie,**
L'étendard sanglant est levé,
L'étendard sanglant est levé.
Entendez-vous dans les **campagnes.**
Mugir ces **féroces** soldats?
Qui viennent jusque dans nos **bras**
Egorger nos **fils**, nos **compagnes.**
Aux **armes**, Citoyens!
Formez vos bataillons!
Marchons, marchons!
Qu'un sang impur abreuve nos sillons!

CONTRÔLE DE L'INTERLUDE CULTUREL 5

À l'écrit

B. L'histoire de France (25 points total: 5 points each sentence)
1. La Révolution est la période la plus importante de l'histoire de France.
2. Des citoyens français ont pris la Bastille.
3. La devise de la France est «Liberté, Égalité, Fraternité».
4. Les soldats appelaient Napoléon «l'Aigle».
5. La défaite de l'armée de Napoléon a eu lieu à Waterloo.

C. Des dates importantes (10 points total: 1 point each)
1. d
2. c
3. h
4. f
5. g
6. b
7. e
8. a
9. i
10. j

D. Des idées révolutionnaires (30 points total: 3 points each question)
1. la Déclaration des Droits de l'Homme
2. Napoléon Bonaparte
3. le Code Napoléon
4. Marie-Antoinette
5. Marianne
6. le drapeau français
7. le franc
8. le Louvre
9. les départements
10. le système métrique

E. Les Misérables (15 points: 1 point per expression)

Le personnage principal s'appelle **Jean Valjean.** Il a passé dix-neuf ans en prison pour avoir volé **du pain.** Il sera poursuivi toute sa vie par un policier nommé **Javert.**

L'acte généreux d'**un évêque** l'a transformé. À ce moment-là il a pris le nom de **M. Madeleine** et il a été élu **maire.** Il est devenu **riche** et **respecté.**

Pour sauver la vie d'un accusé innocent il **s'est dénoncé** à la police. Cette fois-ci il a été condamné à la prison **à vie.** Ensuite, il **s'est échappé** de nouveau.

Plusieurs années après, à Paris, il a recueilli, **Cosette,** une petite orpheline. Son fiancé est **Marius,** un révolutionnaire.

À un moment donné, il a sauvé la vie de **Javert.** Ce dernier ne pouvait pas arrêter l'homme qui lui avait sauvé la vie donc, il s'est suicidé.

Peu après **Marius** et Cosette se sont mariés et Jean Valjean est mort heureux.

Listening Comprehension Performance Test

A. Scènes

Scène 1 (20 points: 4 points per item)
1. d
2. a
3. e
4. c
5. b

Scène 2 (20 points: 4 points per item)
6. d
7. a
8. f
9. c
10. e

B. Contextes

Contexte 1 (30 points: 5 points per item)

Conversation 1
11. c
12. a

Conversation 2
13. b
14. a

Conversation 3
15. b
16. a

Contexte 2 (30 points: 5 points per item)

Conversation 1
17. a
18. b

Conversation 2
19. c
20. b

Conversation 3
21. a
22. a

Writing Performance Test

Please note that the answers provided are suggestions only. Student responses will vary.

1. Matt va prendre l'avion. (15 points: 3 per sentence)

- À l'aéroport, nous présenterons nos billets.
- Il faudra enregistrer nos bagages.
- Après, nous embarquerons.
- Nous attacherons nos ceintures de sécurité.
- À l'arrivée, nous passerons par la douane.

2. Nathalie va prendre le train. (15 points: 3 per sentence)

- Tu prendras le train de 11h30.
- Tu achèteras un aller simple.
- Tu voyageras en deuxième classe.
- Tu n'oublieras pas de composter ton billet.
- Si tu rates le train de 11h30, tu prendras le train de 11h45.

3. Un petit voyage (20 points: 4 per sentence)

- Quand nous arriverons, nous irons à l'hôtel.
- Quand nous serons reposé(e)s, nous visiterons des musées.
- S'il fait beau, nous nous promènerons dans un parc.
- Si nous pouvons, nous mangerons dans un bon restaurant.
- Si nous avons assez d'argent, nous achèterons des vêtements.

4. Mon client est innocent! (20 points: 4 per sentence)

- Mon client n'a attaqué personne!
- Il n'a rien volé.
- Il n'est allé nulle part le 31 mars.
- Il n'a ni appareil-photo ni montre en or.
- Il n'a aucun animal chez lui!

5. Composition libre (30 points: 5 per sentence)

Answers will vary.

Mulitple Choice Test Items

Partie 1

1. c. un permis de conduire
2. b. faire un séjour
3. a. le Mexique
4. b. en
5. c. déclarer
6. a. un passeport
7. b. la Grèce
8. c. qu'un bagage à main
9. a. aux
10. b. sacs à dos
11. c. personne
12. b. nulle part
13. c. que
14. b. je n'ai que des chèques de voyage.
15. c. rien
16. b. n'a vu
17. a. que
18. c. n'a acheté
19. b. de la viande qu'au restaurant
20. c. des légumes

Partie 2

1. b. louer
2. a. au douanier
3. b. un aller et retour
4. c. annulé
5. c. confirmer
6. b. composter
7. a. à la consigne
8. c. atterrir
9. b. partiront
10. c. verrons
11. a. ferons
12. c. Pourras
13. b. ratera
14. a. téléphonerai
15. c. avais
16. c. arriverons
17. b. étudierait
18. c. iraient
19. a. ferais
20. b. lirais

UNITÉ 5 STUDENT TEXT ANSWER KEY

PARTIE 1 Le français pratique

pages 190 and 191

1. Voyages à l'étranger

Answers will vary.

2. Arrivée en France (sample answer)

— Bonjour monsieur/mademoiselle. Avez-vous une pièce d'identité?
— *Oui, j'ai un passeport.*
— Quels pays avez-vous visités avant de venir en France?
— *Je suis allé(e) en Allemagne, en Irlande et en Angleterre.*
— Avez-vous des bagages?
— *Oui, j'ai une valise et un sac à dos.*
— Avez-vous quelque chose à déclarer?
— *Non, je n'ai rien à déclarer.*
— Où avez-vous acheté ce parfum et ces pantalons?
— *J'ai acheté le parfum en Angleterre et les pantalons en Irlande.*
— Merci, monsieur/mademoiselle, et bon séjour en France.

PARTIE 1 Langue et communication

page 193

1. C'est évident!

1. Elle ne fait rien.
2. Elle ne mange rien.
3. Il n'invite personne.
4. Il ne va nulle part (Il ne va chez personne).
5. Il ne boit rien.
6. Il ne part nulle part.
7. Il ne connaît personne.
8. Elle n'achète rien.

2. Une mauvaise surprise

1. Non, je n'ai vu personne.
2. Non, je n'ai rien observé d'anormal.
3. Non, je n'ai remarqué personne de suspect.
4. Non, je n'ai donné mon adresse (je ne l'ai donnée) à personne.
5. Non, je n'ai rien fait de spécial.
6. Non, je n'ai invité personne chez moi la semaine dernière.
7. Non, personne ne m'a téléphoné dans l'après-midi.
8. Non, rien d'important n'a disparu.
9. Non, personne n'est venu réparer l'électricité récemment.
10. Non, il n'y avait rien de grande valeur dans mon appartement.

3. À la douane (sample answer)

— Vous avez des bagages?
— *Je n'ai qu'un sac à dos.*
— Vous avez une pièce d'identité?
— *Je n'ai que mon permis de conduire.*
— Vous avez des cadeaux?
— *Je n'ai que des t-shirts.*
— Vous avez de l'argent?
— *Je n'ai que des dollars.*
— À part l'anglais, vous parlez d'autres langues?
— *Je ne parle que le français.*
— Vous allez rester longtemps?
— *Je ne vais rester que deux semaines.*
— Vous allez visiter plusieurs villes?
— *Je ne vais visiter que Toronto.*

INFO Magazine

page 195

Questions (sample answers)

1. On peut aller de Paris à Londres par la terre ferme avec l'Eurotunnel.
2. Il y a eu beaucoup d'obstacles à sa construction: la rivalité franco-britannique, les guerres européennes, les difficultés techniques et le coût.
3. C'est très difficile de faire un tunnel sous la mer.
4. C'est le symbole de la nouvelle Europe.

PARTIE 2 Le français pratique

page 199

1. Un voyage en avion (sample answer)

1. D'abord, nous allons téléphoner à l'agence de voyages.
2. Nous allons réserver deux places pour Nice.
3. Demain, nous allons aller à l'aéroport.
4. Nous allons aller au comptoir d'Air France.
5. Nous allons enregistrer nos bagages.
6. Nous allons passer au contrôle de sécurité.
7. Puis nous allons aller à la porte 18.
8. Finalement, nous allons embarquer.
9. Nous allons montrer notre carte d'embarquement à l'hôtesse.
10. Nous allons chercher nos places dans l'avion.
11. Nous allons attacher nos ceintures de sécurité.
12. Pendant le voyage nous allons dormir un peu.
13. Nous allons débarquer.
14. Nous allons chercher nos valises à la livraison des bagages.
15. Nous allons passer à la douane.
16. Nous allons sortir de l'aéroport!

2. Un voyage en train (sample answers)

1. On va consulter le tableau d'affichage.
2. On va aller au guichet des billets.
3. On va acheter un billet aller et retour dans la section non-fumeur.
4. On va composter le billet.
5. On va aller sur le quai.
6. On va attendre le train.
7. On va chercher notre wagon.
8. On va monter dans le train.
9. On va ranger nos bagages.
10. On va boire un café, lire des magazines . . .
11. On va arriver.
12. On va descendre les bagages.
13. On va descendre du train.
14. On va chercher la sortie de la gare.

3. À l'Agence Tours-Soleil (sample answer)

L'AGENT: Où désirez-vous aller, monsieur/mademoiselle?
VOUS: *Je voudrais aller à Dakar.*
L'AGENT: Quel jour désirez-vous partir?
VOUS: *Je voudrais partir le 3 juin.*
L'AGENT: Désirez-vous un aller simple?
VOUS: *Je voudrais un aller et retour, s'il vous plaît.*
L'AGENT: En quelle classe?
VOUS: *En classse touriste.*
L'AGENT: Quelle section préférez-vous?
VOUS: *Je préfère la section non-fumeur.*
L'AGENT: Quelle place préférez-vous?
VOUS: *Je préfère une place près de la fenêtre.*
L'AGENT: Désirez-vous louer une voiture?
VOUS: *Non, merci.*

page 200

4. Pas de chance (sample answers)

1. Non, elle n'est pas libre.
2. Non, il n'est pas à l'heure (il est en retard).
3. Non, il n'a pas été confirmé.
4. Non, il y a une escale à Genève.
5. Non, il y a une correspondance à Saint-Pierre.
6. Non, le vol est complet.

5. Train ou avion?

Answers will vary.

PARTIE 2 Langue et communication

pages 202 and 203

1. Cet été (sample answers)

- — Tu gagneras de l'argent cet été?
  — Oui, je gagnerai de l'argent. Je travaillerai dans un restaurant.
- — Tu resteras chez toi cet été?
  — Oui, je resterai chez moi.
- — Tu écriras à tes copains cet été?
  — Oui, je leur écrirai de temps en temps.
- — Tu seras chez toi en août?
  — Oui, je serai chez moi.

- — Tu auras un job cet été?
  — Non, je n'aurai pas de job.
- — Tu feras du sport cet été?
  — Oui, je ferai du sport. Je ferai de la natation et du vélo.
- — Tu feras du camping cet été?
  — Oui, je ferai du camping avec mes cousins.
- — Tu iras à la mer cet été?
  — Non, je n'irai pas à la mer.
- — Tu auras l'occasion de voyager cet été?
  — Oui, j'aurai l'occasion de voyager. J'irai dans le Colorado.
- — Tu iras à l'étranger cet été?
  — Non, je n'irai pas à l'étranger.
- *— Tu verras tes grands-parents cet été?*
  — Oui, je les verrai en juillet.
- *— Tu rendras visite à tes cousins cet été?*
  — Oui, je leur rendrai visite.

2. Des vacances différentes
(sample answer)

— Moi, j'irai à la Martinique. Je prendrai l'avion.
— Eh bien, moi, je n'irai pas à la Martinique. J'irai au Canada. Je prendrai le train, puis je louerai un vélo et je ferai du camping.
— Moi, je louerai une voiture, et j'irai à l'hôtel. Le soir, on mangera des plats épicés.
— Moi, je mangerai du homard. Le weekend, on visitera les Parcs Nationaux, et on verra les matchs de baseball.
— Moi, je ferai de la planche à voile, et j'assisterai aux spectacles folkloriques. Je serai très actif(active). Après, je verrai mes copains et je me reposerai un peu.
— Moi, je rendrai visite à mon oncle.

3. Procrastination

1. — Quand est-ce que tu écriras à tes parents?
   — Je leur écrirai demain.
2. — Quand est-ce que tu téléphoneras à ta copine?
   — Je lui téléphonerai samedi.
3. — Quand est-ce que tu enverras ces lettres?
   — Je les enverrai ce soir.
4. — Quand est-ce que tu achèteras ton billet?
   — Je l'achèterai la semaine prochaine.
5. — Quand est-ce que tu confirmeras ta réservation?
   — Je la confirmerai dans une semaine.
6. — Quand est-ce que tu achèteras des cadeaux?
   — Je les achèterai le jour du départ.
7. — Quand est-ce que tu prendras des photos?
   — Je les prendrai pendant le week-end.
8. — Quand est-ce que tu verras ce monument?
   — Je le verrai dimanche.

4. Un voyage à Québec

- — Quel jour est-ce qu'on arrivera à Québec?
  — On arrivera le vendredi 4 mai.
- — Combien de jours est-ce qu'on y restera?
  — On y restera 3 jours.
- — Comment est-ce qu'on fera un tour de la ville?
  — On fera un tour de la ville en calèche.
- — Quel monument est-ce qu'on verra vendredi après-midi?
  — On verra la Citadelle.
- — Où est-ce qu'on dînera vendredi soir?
  — On dînera dans un restaurant québécois typique.
- — Quand est-ce qu'on fera une promenade en bateau?
  — On fera une promenade en bateau samedi matin.
- — Qu'est-ce qu'on fera dimanche matin?
  — On fera une excursion à Sainte-Anne-de-Beaupré.
- — Comment est-ce qu'on ira là-bas?
  — On y ira en autocar.
- — Quel jour est-ce qu'on pourra faire du shopping?
  — On pourra faire du shopping le samedi après-midi.
- — Quel jour est-ce qu'on reviendra aux États-Unis?
  — On reviendra aux États-Unis le dimanche 6 mai.

- — À quelle heure est-ce qu'on partira?
  — On partira à 16h38.

5. Une lettre (sample answer)

Mon cher Patrick,

Voici le programme de notre voyage organisé à Québec. Nous partirons le 4 mai. Nous voyagerons en avion. Vendredi, nous ferons le tour de la ville en calèche, puis nous visiterons la Citadelle et les plaines d'Abraham. Le soir, nous dînerons dans un restaurant typique. Samedi, nous ferons une promenade en bateau sur le Saint-Laurent. Nous aurons l'après-midi libre. Je me promènerai à pied dans les rues. Le soir, nous assisterons à un concert de chansons québécoises. J'espère que je comprendrai les chansons! Le 6 mai, nous irons à Sainte-Anne-de-Beaupré en autocar. L'après-midi, nous prendrons l'avion pour rentrer.

page 205

6. Attention! (sample answers)

- Si vous n'arrivez pas à l'heure, vous raterez le train.
- Si nous ne réservons pas à l'avance, nous ne trouverons pas de place.
- Si Béatrice ne confirme pas la réservation, elle payera un supplément.
- Si les touristes ne compostent pas leurs billets, ils auront une amende.
- Si M. Duval n'a pas son passeport, il ne pourra pas voyager.
- Si vous ne présentez pas votre carte d'embarquement, vous ne pourrez pas monter dans l'avion.
- Si nous n'enregistrons pas les bagages, nous devrons les mettre sous le siège.

7. Une question de circonstances (sample answers)

1. S'il pleut, j'irai au cinéma.
   S'il fait beau, je ferai du vélo.
   Si je reste chez moi, je regarderai des émissions à la télé.
2. Si je travaille, je gagnerai de l'argent.
   Si j'ai assez d'argent, j'irai voir des copains à Montréal.
   Si je vais à la mer, je nagerai tous les jours.
3. Si je vais à l'université, j'étudierai la biologie.
   Si je veux gagner ma vie, je chercherai un travail intéressant.
   Si je ne trouve pas de travail, j'étudierai (je resterai chez mes parents, je voyagerai pendant un an).
4. Si je suis marié(e), j'aurai des enfants.
   Si je gagne beaucoup d'argent, j'achèterai une maison.
   Si je n'aime pas mon travail, je chercherai un autre travail.

8. Projets de voyage (sample answers)

- Quand nous irons en Égypte, nous verrons les Pyramides.
- Quand vous serez en France, vous parlerez français. Vous achèterez du parfum.
- Quand Pauline visitera le Canada, elle ira à un match de hockey.
- Quand mes cousins seront aux États-Unis, ils visiteront le Grand Canyon. Ils mangeront du poulet frit.
- Quand nous visiterons le Mexique, nous assisterons à une corrida.
- Quand vous irez en Chine, vous parlerez chinois. Vous mangerez du riz.

pages 206 and 207

9. S'il te plaît!

1. — Je vais partir.
   — Eh bien, quand tu partiras, ferme la porte, s'il te plaît.
   — D'accord, je fermerai la porte.
2. — Je vais faire les courses.
   — Eh bien, quand tu feras les courses, achète du fromage, s'il te plaît.
   — D'accord, j'achèterai du fromage.
3. — Je vais passer à la bibliothèque.
   — Eh bien, quand tu passeras à la bibliothèque, rends ce livre, s'il te plaît.
   — D'accord, je rendrai ce livre.

4. — Je vais aller à la gare.
   — Eh bien, quand tu iras à la gare, prends les billets, s'il te plaît.
   — D'accord, je prendrai les billets.
5. — Je vais aller à l'agence de voyages.
   — Eh bien, quand tu iras à l'agence de voyages, réserve les places, s'il te plaît.
   — D'accord, je réserverai les places.
6. — Je vais voir Patrick.
   — Eh bien, quand tu verras Patrick, invite-le à la boum, s'il te plaît.
   — D'accord, je l'inviterai à la boum.

10. Une visite à Genève

Ma chère Nathalie,

Je prendrai le vol Swissair 804 qui arrivera à Genève le 2 juin à 10h35. Je te téléphonerai dès que je serai à mon hôtel. Si tu es libre, on pourra déjeuner ensemble. Sinon, je me reposerai un peu, et s'il fait beau, je ferai un tour en ville.

De toute façon, on sortira ensemble le soir. Si tu veux, on ira dans un restaurant qu'un copain m'a recommandé. Quand je te verrai, je te montrerai les photos que j'ai prises l'année dernière.

Écris-moi lorsque tu recevras cette lettre.

À bientôt,
Jean-Philippe

11. Bienvenue chez nous!

Answers will vary.

12. Vivement les vacances!

1. Nous ne nous préparerions pas pour l'examen. Nous voyagerions.
2. Les élèves iraient à la plage. Ils n'étudieraient pas.
3. Vous ne resteriez pas chez vous. Vous feriez du camping.
4. Marc serait tout le temps à la plage. Il ne regarderait pas la télé.
5. Tu ne te lèverais pas tôt. Tu dormirais jusqu'à dix heures.
6. Je ne ferais pas mes devoirs. Je sortirais avec mes copains.

LECTURE

page 211

Avez-vous compris? (sample answers)

1. Elle l'a vu pour la première fois dans la salle d'embarquement de l'aéroport de Montréal. Il était habillé tout en bleu: pantalon, pull, blouson, casquette, tout était bleu. Il portait des lunettes de soleil.
2. Elle a regardé des magazines, elle a dîné et elle a vu le film.
3. Il porte les valises de Caroline, qui sont très lourdes. En échange, elle porte la mallette du jeune homme.
4. Elle lui demande de prendre des photos d'elle parce qu'elle veut les envoyer à ses amies.

page 213

Avez-vous compris? (sample answers)

1. Elle l'a revu dans un café, puis au jardin du Luxembourg et au musée du Louvre. Elle l'a perdu quand elle a pris un bus pour aller aux Champs-Élysées.
2. Quand elle est rentrée à l'hôtel, elle a trouvé l'homme en bleu et deux autres hommes dans sa chambre, qui était dans un grand désordre.
3. Ils ont dit qu'ils étaient de la police.
4. Le jeune homme blond est le chef d'une bande qui a volé des documents très importants. L'homme en bleu a pensé que Caroline était sa complice parce qu'elle portait la mallette.

page 214

Avez-vous compris? (sample answers)

1. Elle a apporté les photos prises par le jeune homme blond.
2. Sur les photos on voyait la voiture rouge des bandits et on pouvait lire son numéro d'immatriculation.
3. Le jeune homme a été arrêté, et Caroline est devenue célèbre. On lui a proposé un rôle dans un film, et elle va écrire le récit de ses aventures.

UNITÉ 5 LISTENING/SPEAKING ACTIVITIES ANSWER KEY

PARTIE 1

Le français pratique

Activité 1. Compréhension orale

1. faux
2. vrai
3. vrai
4. faux
5. vrai
6. faux
7. faux
8. vrai
9. faux
10. faux

Activité 2. Réponses logiques

1-a, 2-a, 3-c, 4-b, 5-c, 6-a, 7-b, 8-b, 9-c, 10-a.

Activité 3. Échanges

1. J'aimerais bien faire un voyage en Italie.
2. Non, moi, je prends juste un sac à dos.
3. Non, ils n'avaient rien à déclarer.
4. Oui, ils vont faire un séjour à l'étranger.
5. Il a perdu son permis de conduire.
6. Oui, il est dans mon bagage à main.
7. Nous aimerions beaucoup visiter les pays d'Asie.
8. Nous avons une valise et deux sacs.
9. J'ai besoin de mon passeport.
10. On les contrôle à la douane.

Activité 4. Questions

1. Ils habitent au Portugal.
2. Je vais faire un voyage au Canada.
3. Elle les a perdus en Grèce.
4. Nous allons aller au Mexique.
5. Non, elle l'a acheté en Italie.
6. Nous allons faire un séjour linguistique en Espagne.
7. Je vais faire un voyage en Afrique.
8. Elle l'a oubliée en Suisse.
9. Nous aimerions visiter la Tunisie.
10. Je l'ai acheté au Japon.

Activité 5. Minidialogues

Minidialogue 1

1-c, 2-a, 3-c, and 4-b.

Minidialogue 2

1-b, 2-c, 3-a, and 4-a.

Langue et communication

Pratique orale 1

1. Moi, je n'ai rien vu.
2. Moi, je n'ai remarqué personne.
3. Moi, je n'ai vu ni petite fille ni chien.
4. Moi, je n'ai rien entendu.
5. Moi, je n'ai vu aucune voiture s'arrêter.
6. Moi, je ne suis allé nulle part.
7. Moi, je n'ai rien raconté à la police.
8. Moi, je n'ai proposé aucune explication.

Pratique orale 2

1. Je n'ai que mon passeport.
2. Non, je n'ai visité que la Suisse.
3. Je ne suis allé qu'à Genève.
4. Non, je n'y suis resté qu'une semaine.
5. Non, je n'ai acheté qu'une montre.
6. Je ne l'ai payée que cent francs.
7. Je n'ai qu'une valise.
8. Non, je n'ai qu'un bagage à main.
9. Non, je ne voyage qu'une fois par an.
10. Non, je n'y habite que depuis un an.

PARTIE 2

Le français pratique

Activité 1. Compréhension orale

1. faux
2. vrai
3. vrai
4. faux
5. faux
6. vrai
7. faux
8. faux
9. vrai
10. faux

Activité 2. Réponses logiques

1-a, 2-b, 3-a, 4-b, 5-c, 6-c, 7-b, 8-c, 9-a, 10-b, 11-c, 12-a, 13-b, 14-a, 15-a.

Activité 3. Conversation

1. Il a oublié de composter son billet.
2. Parce qu'il était en retard.
3. Il voyage en première classe avec un billet de deuxième classe.
4. Il a réservé la place 42, près de la fenêtre, en deuxième classe.
5. Parce qu'il a oublié son portefeuille.

Activité 4. Instructions

Date de réservation : 2 mai
Nom(s) : Elisabeth et Georges LUBIN
Destination : Boston (Etats-Unis)
Date du voyage : 13 juillet
Numéro de vol : 807
Section : non-fumeur
Aéroport de départ : Charles de Gaulle
Heure de départ : 13h30
Prix : 1 600 euros
Mode de paiement : carte de crédit

Activité 5. Situation

L'EMPLOYÉ: (Oui, nous avons des tarifs pour les moins de 25 ans.)
L'EMPLOYÉ: (Avec Air France, mademoiselle.)
L'EMPLOYÉ: (Le départ est le vendredi 27 janvier à 17h30.)
L'EMPLOYÉ: (Le retour est le dimanche 29 janvier à 20h05.)
L'EMPLOYÉ: (Il atterrit à 21h45.)
L'EMPLOYÉ: (250 euros, pour les moins de 25 ans.)

Langue et communication

Pratique orale 1

1. L'été prochain, j'irai au Maroc.
2. Demain, il fera beau.
3. Le mois prochain, il aura plus de temps libre.
4. La prochaine fois, elle sera gentille.
5. Demain soir, j'appellerai mes grands-parents.
6. Lundi prochain, ils pourront venir.
7. L'année prochaine, nous achèterons un ordinateur.
8. La semaine prochaine, il viendra avec nous à la piscine.
9. Demain, je finirai tout.
10. Dimanche prochain, je verrai mon oncle et ma tante.

Pratique orale 2

1. Quand je serai en vacances, je me lèverai tard tous les jours.
2. Si j'ai assez d'argent, j'irai en voyage au Portugal.
3. S'il fait beau dimanche, nous ferons un pique-nique.
4. Quand nous aurons du temps libre, nous irons au stade.
5. Si je rate l'avion, je prendrai le train.
6. Quand nous serons aux États-Unis, nous achèterons des jeans et des disques laser.
7. S'il pleut ce weekend, nous resterons à la maison.
8. Dès que j'arriverai à Marseille, je chercherai un hôtel.
9. Quand il arrivera à la gare, il compostera son billet.
10. Quand elle sera en Italie, elle enverra des cartes postales à tous ses amis.

Pratique orale 3

1. Si nous avions beaucoup d'argent, nous achèterions une voiture neuve.
2. Si elle travaillait sérieusement, elle réussirait à ses examens.
3. Si j'avais assez de temps libre, je ferais plus de sport.
4. S'il ne devait pas travailler ce dimanche, il irait au stade avec ses amis.
5. Si j'avais une voiture, je partirais à la campagne pour quelques jours.
6. S'il avait des amis, il serait plus heureux.
7. Si nous étions en retard, nous raterions le train.
8. Si tu n'oubliais pas de composter ton billet de train, tu n'aurais pas d'amende.
9. S'ils avaient la télévision, ils sortiraient moins souvent.
10. Si je n'avais pas peur de prendre l'avion, je pourrais faire de grands voyages.